AUDIO AND VIDEO SCRIPTS

DESCUBRE

Lengua y cultura del mundo hispánico

NIVEL 3

Blanco • Donley

VISTA

HIGHER LEARNING

Boston, Massachusetts

ISBN: 978-1-60007-317-5

4 5 6 7 8 9 RB 12

Table of Contents

Contents

Textbook Audio Script

The Textbook Audio Script corresponds to the Textbook Audio Program MP3s for the **Escuchar** activities in the book. You may decide to have students fill in the blanks as they listen, role play the situations, or read along with the speaker.

Audio Program Scripts

The Audio Program Scripts correspond to the Audio Program MP3s and the **Cuaderno de actividades** Audio Activities. These activities focus on building students' listening comprehension skills in Spanish, through reinforcement and recycling of the vocabulary, grammar, and literature sections of the textbook lessons. Among the wide range of activities are listening-and-writing activities, illustration-based work, and listening-and-repeating exercises. Students also hear a variety of language types such as statements, exclamations, questions, mini-dialogues, conversations, monologues, narrations, commercials, news broadcasts, and speeches, all recorded by native Spanish speakers.

For each lesson, the recordings are organized as follows:

- **Contextos:** This section practices the active vocabulary taught in the corresponding textbook lesson. All exercises and activities are unique to the **Cuaderno de actividades.**
- **Estructura:** This section practices the active grammar points of the corresponding textbook lesson; again, these activities are unique to the **Cuaderno de actividades.**
- **Pronunciación:** Lessons 1–4 each have a section dedicated to pronunciation with a focus on practicing the consonants, vowels, and diphthongs that are typically difficult for non-native Spanish speakers.

Fotonovela Video Script

The complete written transcript of the **Fotonovela** DVD is provided so you can conveniently preview an episode in preparation for using it in class or for assigning it as outside work.

English Translations of *Fotonovela*

The ten **Fotonovela** episodes featured in the textbook, which are themselves segments of the complete **Fotonovela** episodes available on DVD, have been translated for your teaching convenience. You may, for example, wish to make the translation available to your students as they study the **Fotonovela** section of each textbook lesson.

Film Collection Video Script and Translations

This section consists of the transcripts and English translations of the entire Film Collection. They are available so you can conveniently preview the films in preparation for using them in class or for assigning them as outside work.

Lección 1

Contextos

1 Escuchar

A Después de una cita con Andrés, Paula le cuenta todo a su mejor amiga, Isabel. Escucha la conversación y decide si las oraciones son **ciertas** o **falsas**. Corrige las falsas.

ISABEL Paula, ¿qué me cuentas de tu cita con Andrés? ¡Quiero saberlo todo!

PAULA ¡Ay, Isabel, estoy tan emocionada! Andrés y yo nos llevamos muy bien.

ISABEL Pero dime, ¿cómo es él?

PAULA Es guapo, seguro y, sobre todo, cariñoso. Me impresiona muchísimo.

ISABEL ¿Así que piensas salir con él otra vez?

PAULA Espero que sí. ¡Creo que me estoy enamorando de él!

B Ahora escucha la conversación entre Andrés y su mejor amigo, José Luis, y decide si las oraciones son **ciertas** o **falsas**. Corrige las falsas.

JOSÉ LUIS Oye, Andrés, ¿cómo lo pasaste con Paula anoche?

ANDRÉS Hombre, ¡lo pasamos fatal!

JOSÉ LUIS ¿Por qué, Andrés? Ella es tan bonita, tan interesante...

ANDRÉS Bonita, sí, pero ¿interesante? Sabes, Paula es tan tímida que casi no habla. Y estaba tan ansiosa, tan... tan... insegura.

JOSÉ LUIS Andrés, el problema es que no sabes coquetear. ¡Tienes que ser más gracioso, hombre!

ANDRÉS José Luis, no te soporto. Mira, si adoras tanto a Paula, aquí está su número de teléfono. No voy a tener nada de celos si quieres salir con ella.

JOSÉ LUIS Qué buen amigo eres, Andrés. Para agradecerte, te doy a ti el número de otra amiga. Se llama Isabel...

Lección 2

Contextos

1 Escuchar

Textbook Audio Script

A Mauricio y Joaquín están haciendo planes para el fin de semana. Quieren ir al cine pero no logran ponerse de acuerdo. Escucha su conversación y contesta las preguntas con oraciones completas.

MAURICIO Entonces vamos a ver una película el sábado, ¿no?

JOAQUÍN Sí, justamente es el estreno de *Los invasores de la galaxia.* ¿Vamos a verla?

MAURICIO Mira, prefiero no ver un estreno porque siempre hay que hacer cola para comprar boletos. Además, no me gusta la ciencia ficción.

JOAQUÍN ¿Qué te gustaría ver entonces?

MAURICIO ¿Por qué no vamos a ver el documental sobre el campeonato nacional de fútbol que estrenaron la semana pasada?

JOAQUÍN No me interesa. Siempre me aburro cuando veo documentales.

B Ahora escucha el anuncio radial de *Los invasores de la galaxia* y decide si las oraciones son **ciertas** o **falsas**. Corrige las falsas.

Este fin de semana estrenan la película de ciencia ficción más esperada de los últimos años: *Los invasores de la galaxia.* Finalmente, podremos ver este gran éxito que ya ha ganado tres premios en varios festivales europeos. El día del estreno, con la compra de cinco boletos, recibirás un CD con la banda sonora de la película. Si llegas vestido de extraterrestre, te regalaremos un boleto para una fiesta exclusiva. ¡No te pierdas esta película! La taquilla del Cine Monumental abrirá a las nueve de la mañana para que puedas comprar tus boletos temprano sin hacer cola.

Lección 3

Contextos

1 Escuchar

A Escucha lo que dice Julián y luego decide si las oraciones son **ciertas** o **falsas**. Corrige las falsas.

Tengo tantas cosas que hacer. Antes de ir a hacer mandados, tengo que quitar el polvo de los muebles y pasar la aspiradora. Mira, aquí está mi tarjeta de crédito. Tanto tiempo buscándola y estaba debajo de la escalera. Por fin voy a poder ir de compras. ¡Qué costumbre tengo de no saber dónde dejo las cosas! ¿El timbre? ¿Quién puede ser a estas horas? Apenas son las ocho de la mañana…

B Escucha la conversación entre Julián y la visita inesperada y después contesta las preguntas con oraciones completas.

JULIÁN ¡María, qué sorpresa! ¿Qué haces aquí a estas horas?

MARÍA Perdona que venga así, de repente, pero tengo que ir al centro comercial antes de ir a la oficina y quería preguntarte si quieres venir conmigo.

JULIÁN ¿Sueles ir siempre a estas horas?

MARÍA Sabes que no. Es que tengo que devolver estos pantalones que compré.

JULIÁN ¿No te gustan?

MARÍA No. Eran una ganga y el probador estaba ocupado. Los compré sin probármelos. ¿Vienes conmigo? Necesito que me lleves en carro.

JULIÁN No te preocupes. Sí que voy contigo. Me arreglo y nos vamos enseguida. Recuerda que a veces no te dan reembolsos. Quizás tengas que cambiar los pantalones por otra cosa.

MARÍA Sí, lo sé.

Lección 4

Contextos

1 Escuchar

A Escucha la conversación entre Sara y su hermano David. Después completa las oraciones y decide quién dijo cada una.

DAVID ¿Hola?

SARA Hola, David. Habla Sara.

DAVID ¡Hola, Sara! ¿Cómo andas hermanita?

SARA No muy bien... No sé lo que me pasa últimamente, la verdad. Estoy siempre muy agotada.

DAVID Sí, lo he notado. Y Sara, creo que estás adelgazando demasiado. ¿Has ido al médico?

SARA No he ido porque no tenía fiebre, sólo era un ligero malestar. Y ya sabes que no me gustan los médicos.

DAVID Por favor, Sara, deja de ser una niña. Tienes que ponerte bien.

SARA Por eso te llamo. Quiero ir al médico, es que estos últimos días me duele todo y el malestar ha empeorado. No se me va el dolor de estómago ni con pastillas.

DAVID Esta tarde vamos al médico. Ahora mismo llamo al doctor Perales para hacerle una consulta.

B A Sara le diagnosticaron apendicitis. Escucha lo que le dice la cirujana a la familia después de la operación y luego contesta las preguntas.

La operación ha ido muy bien. Tenía toda la zona inflamada, pero ya les digo: todo ha ido sin problemas. Ahora le hemos dado unos calmantes. Los tiene que tomar cada ocho horas. Seguramente, al principio esté un poco mareada, pero va a recuperarse rápidamente. En cuanto a la comida, pues los dos primeros días tiene que estar a dieta de líquidos como jugos y sopas, pero al tercer día ya puede empezar a comer normalmente. Lo importante ahora es que ella descanse y que todos se relajen. ¿Tienen alguna pregunta?

Lección 5

Contextos

1 Escuchar

A Escucha lo que dice Julia, una guía turística, y después marca las oraciones que contienen la información correcta.

Primero, les quiero dar la bienvenida a todos y darles las gracias por visitar nuestro país. Ahora los vamos a llevar en autobús al campamento donde se van a alojar durante los próximos días. El campamento, como saben, está en la selva. A su llegada al destino, les servirán el almuerzo, y después van a hacer una pequeña excursión para que conozcan la zona. Es recomendable que lleven pantalones largos y camisa de manga larga para protegerse de los insectos y del cambio de temperatura. El itinerario de toda la semana se lo damos mañana. Sólo me queda desearles un feliz viaje y que disfruten de la aventura.

B Dos aventureros se separaron del grupo y tuvieron problemas. Escucha la conversación telefónica entre Mariano y el agente de viajes, y después contesta las preguntas.

MARIANO Verá, lo que ocurrió fue que mi novia y yo íbamos a visitar unas ruinas de la zona y entonces tuvimos un accidente.

AGENTE ¿Un accidente? ¿Están bien? ¿Han ido al médico?

MARIANO Sí, estamos bien, no se preocupe. Habíamos alquilado un carro y tuvimos un choque contra un árbol. Yo estoy bien, pero mi novia se ha roto una pierna. Hemos decidido cancelar el resto del viaje. Por eso lo llamo.

AGENTE ¿Han ido a la policía?

MARIANO Por supuesto. Yo fui responsable del accidente, pues... la ruta por la que íbamos era un poco peligrosa y no reduje la velocidad. Pero ya le digo, estamos bien.

AGENTE ¿Saben ustedes que el seguro está incluido en el precio del viaje?

MARIANO Sí, no hemos tenido ningún tipo de problema. Nuestra guía, Julia, nos ayudó con todo, y lo llamo simplemente porque hemos decidido regresar a casa lo antes posible y queremos ver cuándo sale el primer avión.

AGENTE Un momento, por favor, ahora voy a ver si podemos cambiar la fecha de regreso en su pasaje de ida y vuelta. Creo que lo podemos ayudar.

Lección 6

Contextos

1 Escuchar

A Escucha el informativo de la noche y después completa las oraciones con la opción correcta.

Buenas tardes y bienvenidos al informativo de las nueve de la noche.

Acaba de llegar una noticia de última hora: Se ha declarado un grave incendio en la Cordillera del Este. Todavía no se conocen las causas del fuego, pero se sospecha que puede haber sido un rayo de la tormenta de esta tarde que ha caído en un árbol seco. Las autoridades temen que la sequía de los últimos meses contribuya a extender el incendio a otros bosques de la zona.

El responsable del gobierno ha afirmado que se está haciendo todo lo posible para acabar con el incendio en pocas horas y así proteger los pueblos de los alrededores y los animales salvajes que viven en estas montañas.

En unos minutos, les volveremos a informar del tema; ahora pasamos a presentarles las noticias del día.

El precio de...

B Escucha la conversación entre Pilar y Juan y después contesta las preguntas con oraciones completas.

JUAN ¿Has oído el informativo? Hay un incendio en la Cordillera del Este. La gente ha tenido que dejar sus casas.

PILAR Sí, han dicho que es posible que se extienda a otras zonas. Es una pena, se está desforestando todo. No sé qué vamos a hacer en el futuro.

JUAN Todo es tan diferente ahora. ¿Sabes? Cuando yo era niño, íbamos a la casa de campo de mis abuelos. La pasábamos muy bien, ellos tenían ovejas y jugábamos con ellas. Además, cuando salíamos a pasear por el campo veíamos conejos por todas partes, y no sólo conejos, sino también animales de todo tipo; pero ahora todo está sucio y contaminado.

PILAR Sí, se está destruyendo todo. Sé de lo que hablas. Yo pasaba los veranos en la costa. Nosotros alquilábamos una casa a orillas del mar. Era tan divertido y, ¿sabes? El agua estaba muy limpia y había peces por todas partes; a veces les dábamos de comer. Si vas ahora, no ves nada, todos los peces han desaparecido. Estamos perdiendo todo, espero que no pase lo mismo con los bosques de la Cordillera del Este.

JUAN Oye, pongamos la televisión para ver si se ha extinguido el incendio.

PILAR Tienes razón, pongamos las noticias.

Lección 7

Contextos

1 Escuchar

A Escucha lo que dice Mariana Serrano y luego decide si las oraciones son **ciertas** o **falsas**. Corrige las falsas.

Con todos ustedes Mariana Serrano, la presidenta de la Asociación Científica de Mar del Plata.

Bienvenidos a la Quinta Conferencia de Genética de Mar del Plata. Antes de iniciar la conferencia quiero hacer unas reflexiones sobre los desafíos que todos los científicos tenemos por delante. La comunidad científica ha hecho algunos descubrimientos revolucionarios en el campo del ADN que cambian totalmente la visión que teníamos del gen humano. Estos últimos años también hemos hecho muchos avances en el estudio de algunas enfermedades genéticas y hemos conseguido bastante dinero para investigar nuevas medicinas. Se han publicado algunos artículos muy interesantes en revistas especializadas sobre todos estos temas. Todos estos éxitos nos deben alegrar y estimular para seguir trabajando, pero también nos deben recordar que tenemos una gran responsabilidad en nuestras manos, que el futuro de la ciencia nunca debe separarse de la ética. Hoy empezamos la Quinta Conferencia de Genética con la presencia del famoso biólogo Carlos Obregón, que va a tratar este tema con más detalle...

B Escucha la conversación entre Carlos Obregón y Mariana Serrano y contesta las preguntas.

MARIANA Me ha gustado mucho tu conferencia.

CARLOS ¿De verdad? Pues he tenido muchos problemas. ¿Sabes lo que me ha pasado? Ayer por la tarde, se me cayó al suelo la computadora portátil y así perdí todos los documentos para la conferencia.

MARIANA ¿Y qué hiciste?

CARLOS Menos mal que tengo un amigo que sabe mucho de informática y me ayudó. Él pudo recuperar el documento porque yo lo había guardado en la computadora de mi laboratorio. Le di mi contraseña y me adjuntó el archivo en un correo electrónico. He estado nerviosísimo.

MARIANA Pues no te preocupes, que has estado muy bien. No sé qué haríamos hoy día sin Internet. ¿Te imaginas? Yo ya no recuerdo cómo era mi vida antes. Yo incluso tengo un blog en el que escribo casi todos los días.

CARLOS ¿Sí? Me tienes que dar la dirección de la página web. Me encantaría leer lo que escribes.

MARIANA De acuerdo. Mira, te mando la dirección en un mensaje de texto. ¿Hablamos después? Podemos quedar para tomar un café, ahora tengo que hablar con los demás invitados.

CARLOS Nos vemos después, entonces. ¡Chau!

Lección 8

Contextos

1 Escuchar

A Escucha el anuncio de *Creditinstant* y luego decide si las oraciones son **ciertas** o **falsas**. Corrige las falsas.

¿Necesita dinero para comprar una computadora, para hacer un viaje o para comprar un regalo? En *Creditinstant* le prestamos tres mil dólares para que los gaste en lo que quiera. Puede financiar el dinero prestado a corto o largo plazo sin problemas. Sólo necesita solicitar el dinero llamando por teléfono al número 800-900-900. Le depositamos los tres mil dólares en su cuenta corriente en cuarenta y ocho horas. *Creditinstant*: el dinero al instante. Llámenos.

B Escucha la conversación entre un cliente y un representante de *Creditinstant* y contesta las preguntas con oraciones completas.

REPRESENTANTE Buenos días. Gracias por llamar a *Creditinstant*. ¿En qué le puedo ayudar?

CLIENTA Buenos días. Estoy interesada en sus servicios. Necesito que me presten dos mil dólares.

REPRESENTANTE Muy bien. Sólo va a tener que contestar algunas preguntas. ¿Tiene un puesto de trabajo?

CLIENTA Sí, soy dueña de una pequeña tienda de ropa.

REPRESENTANTE ¿Está casada? Y si está casada, ¿en qué trabaja su esposo?

CLIENTA Sí, estoy casada. Mi esposo es un ejecutivo en una empresa multinacional. No tenemos problemas de dinero, pero queremos irnos de vacaciones y he pensado que podíamos ponernos en contacto con ustedes para financiar el viaje.

REPRESENTANTE No creo que haya ningún problema. Ahora mismo le voy a pasar con un compañero para completar la solicitud con sus datos.

CLIENTA ¿Cuánto tiempo tardarían en depositar el dinero en nuestra cuenta del banco?

REPRESENTANTE Normalmente tarda dos días, pero en ocasiones podemos hacerlo con más rapidez, depende de las circunstancias personales de cada cliente.

CLIENTA Perfecto, porque tenemos que preparar el presupuesto para el viaje lo antes posible. Muchas gracias.

Lección 9

Contextos

1 Escuchar

A La famosa periodista Laura Arcos está esperando la llegada de famosos al Teatro Nacional, donde se van a entregar unos premios. Escucha lo que dice Laura y después elige la opción correcta.

Buenas tardes a todos los televidentes. Aquí estamos, como todos los años, en las puertas del Teatro Nacional donde se van a entregar los premios más importantes del cine hispano. Aquí, desde el Canal 4, les vamos a transmitir en directo la entrada de todas las estrellas al teatro. Como pueden ver, hay una gran cantidad de público esperando la llegada de sus actores y actrices favoritos. Para ayudarme a commentarles este acontecimiento, va a estar con nosotros el famoso periodista Augusto Ríos, quien todas las semanas, en la sección de sociedad, nos informa acerca de lo actual y lo influyente en el mundo de las celebridades. Él nos va a dar su opinión sobre el estilo de las estrellas y nos va a explicar cuáles son las tendencias de moda.

B Laura Arcos entrevista a la actriz Ángela Vera. Escucha su conversación y después contesta las preguntas.

LAURA ARCOS Hola, buenas tardes. ¿Puedes hablar con nosotros un momento?
ÁNGELA VERA Sí, claro.
LAURA ARCOS Te ves muy elegante. ¿Has comprado el vestido especialmente para esta ceremonia?
ÁNGELA VERA Oh, no, no. Para mí no es importante seguir la moda. Sólo me pongo lo que me gusta.
LAURA ARCOS Pues estás muy guapa. Te quiero preguntar sobre tu último trabajo. Todos los críticos opinan que *Star* es una película excelente. ¿No te dio miedo trabajar en la película de un director que no era famoso?
ÁNGELA VERA No, no. Verás, yo ya conocía la primera película de Juan Izaguirre. Era un documental sobre la prensa sensacionalista. Trataba de la controvertida relación de los famosos y ese tipo de prensa. Y fui yo la que llamó a Juan para presentarle un guión que tenía en mi mesa escritorio hacía mucho tiempo.
LAURA ARCOS Entonces, ¿fuiste tú la que le presentó el proyecto?
ÁNGELA VERA No exactamente. Entre los dos cambiamos mucho el guión. Trabajamos en equipo. Los dos estamos muy contentos con el resultado. Perdón, ahora me tengo que ir.
LAURA ARCOS Muchas gracias por hablar con el Canal 4. Mucha suerte en la ceremonia.
ÁNGELA VERA Gracias a ustedes.

Lección 10

Contextos

1 Escuchar

A Escucha el programa de televisión y después completa las oraciones con la opción correcta.

Buenas noches. Empieza el programa *ArteDifusión,* el único programa de televisión especializado en el mundo del arte. Gracias por estar con nosotros. Esta noche tenemos una visita excepcional: la escritora Mayka Ledesma, que viene a hablarnos de su último trabajo. Pero, antes, tenemos preparado un pequeño reportaje sobre la maravillosa exposición que se ha organizado en el Museo de Arte Contemporáneo. La exposición recorre los diferentes movimientos artísticos, desde el romanticismo hasta nuestros días. Hay obras de los escultores y pintores más reconocidos del país. En esta exposición, es visita obligatoria la sala de arte realista, donde se pueden admirar las controvertidas pinturas al óleo de José Ortiz. Muchos las encuentran de mal gusto, pero a otros, entre los que me incluyo, nos resultan muy intrigantes. Quédese con nosotros y vea el reportaje que hemos preparado sobre el tema.

B Escucha la entrevista del programa *ArteDifusión* y contesta las preguntas.

PRESENTADOR Mayka, muchas gracias por venir a nuestro programa.

MAYKA LEDESMA Es siempre un placer estar aquí.

PRESENTADOR Lo primero que tengo que preguntarte es de qué se trata la novela *El viento.*

MAYKA LEDESMA Es una novela histórica. El argumento se desarrolla en los primeros años de la Conquista, pero no es una obra didáctica. Tiene muchos elementos de novela rosa y también se pueden encontrar muchos elementos humorísticos.

PRESENTADOR ¿Te fue difícil escribir una obra tan larga? ¿Cuánto tiempo te llevó escribir la novela *El viento?*

MAYKA LEDESMA Verás, la verdad es que he tardado casi dos años en escribirla. Fue para mí un proceso difícil escribir la obra desde el punto de vista de un protagonista masculino. Como sabes, normalmente mis obras están llenas de personajes femeninos, pero en esta novela, *El viento,* quería hacer algo diferente.

PRESENTADOR ¿Por qué un personaje masculino en esta ocasión?

MAYKA LEDESMA Quería mostrar las luchas de poder de aquella época y pensé que un narrador masculino iba a reflejar mejor la política de aquellos tiempos; y la historia de aquella época, no hay que olvidarlo, está escrita mayoritariamente por hombres.

PRESENTADOR ¿Qué le dirías al lector que ve una novela con este argumento y piensa que no le interesan estos temas políticos o históricos?

MAYKA LEDESMA Los lectores sólo tienen que hojear la obra para darse cuenta en seguida de que es una novela divertida, que simplemente se desarrolla en otra época.

Textbook Audio Script

Lección 1

Contextos

1 Una carta muy especial Rosa, una psicóloga, tiene un programa de radio en el que da consejos sobre problemas sentimentales. Escucha mientras Rosa lee una carta de sus oyentes. Después, completa las oraciones con la opción correcta.

Y ya estamos de vuelta otra vez con nuestros queridos amigos. La próxima carta que voy a leer la envía Antonio, un chico de veintidós años de Austin, Texas. Dice lo siguiente: "Querida Rosa: Le escribo porque tengo un problema enorme y no sé a quién pedirle ayuda, ya que es un problema sentimental y mis amigos no tienen experiencia con esos temas. Mi novia y yo llevamos dos años juntos y mi problema es este: hace varias semanas que pienso que mi novia está coqueteando con mi mejor amigo, Juan Carlos. Yo soy demasiado orgulloso para preguntarle a Juan Carlos si él siente algo por mi novia; además, no quiero admitir que tengo celos. No quiero discutir con mi novia pero no puedo seguir viviendo así. Yo aprecio mucho a Juan Carlos y tampoco quiero discutir con él. Necesito ayuda lo antes posible, por favor. No puedo vivir así. Un saludo de alguien que la admira muchísimo.

2 Identificar Marta va a leer una breve descripción de Caro, su compañera de apartamento. Marca los adjetivos que escuches en su descripción.

¡Estoy harta de vivir con esta chica! ¿Creen que no tengo razón? Les voy a describir a Caro, mi compañera de apartamento. A ver, ¿por dónde empiezo? Su personalidad, bueno, ése es el problema de Caro. Es la chica más falsa que conozco. Además de mentirosa es una tacaña. Siempre me dice que quiere compartirlo todo, pero siempre termino yo comprando la comida. Le gusta vestir muy bien, pero no le gusta gastar dinero.
La verdad es que es muy, pero que muy difícil vivir con ella. Su familia la ayuda mucho, yo creo que demasiado. Probablemente, ésa es la razón por la que no tiene amigos, porque no es muy madura y siempre quiere que los demás paguen por todo...
el cine, las comidas... Ella cree que tengo celos pero, en realidad, no se merece ser mi amiga. No puedo más con esta situación. Estoy preocupada. ¿Qué hago?

3 No entiendo Vuelve a escuchar lo que dice Marta de Caro y contesta las preguntas con oraciones completas.

Estructura

1.1 The present tense

1 La compañera de apartamento ideal
¿Recuerdas a Marta y Caro, las compañeras de apartamento con personalidades opuestas? Caro ya no vive allí y Marta está buscando una nueva compañera de apartamento. Dos chicas han dejado mensajes en el contestador automático de Marta. Escucha sus mensajes y relaciona cada cualidad con la chica correspondiente.

MARTA Hola. Soy Marta. No estoy en casa. Por favor, deja un mensaje.
ANDREA Sí, hola, Marta, te llamo por el anuncio en el que dices que buscas una compañera de apartamento. No sé exactamente qué información quieres saber de mí. Yo me llamo Andrea y juego en el equipo de fútbol de la universidad, ¿me conoces? Creo que soy la estudiante más activa de todo el campus. Mira, yo no te conozco personalmente pero creo que debemos encontrarnos para hablar. Ahora mismo necesito resolver unos asuntos personales, pero siempre almuerzo en la cafetería, así que si quieres, puedes pasar por allí hoy como a las doce; yo te invito a almorzar. Si no vienes, puedo llamarte otra vez esta noche. Ya ves que soy una persona muy flexible, ¿no? Bueno, te dejo. Mi teléfono es el cinco-cinco-cinco dos-tres-cinco-cuatro. Chau.
MARTA Hola. Soy Marta. No estoy en casa. Por favor, deja un mensaje.
YOLANDA Hola, Marta. Te habla Yolanda Marín. Llamo por lo del apartamento. Mira, yo busco una compañera de apartamento seria y responsable, porque yo soy muy estudiosa y me gusta la calma y la tranquilidad. Si te interesa, creo que no vas a encontrar una compañera más organizada y responsable que yo. Bueno, si me quieres llamar, mi número es el cinco-cinco-cinco dos-dos-cero-ocho. Hasta luego.

2 Identificar Contesta las preguntas según la información de los mensajes telefónicos que dejaron Andrea y Yolanda para Marta. Escucha otra vez los mensajes para recordar mejor los detalles.

3 Para conocernos mejor Marta y Yolanda van a salir juntas el viernes por la tarde para conocerse mejor y determinar si deben ser compañeras de apartamento. Ahora están pensando qué van a hacer esa tarde. Escucha su conversación y después contesta las preguntas.

MARTA Yolanda, aquí tengo varias opciones para el viernes. Debemos mirarlas y elegir la que más nos guste.

YOLANDA Ah, ¡qué bien! Déjame ver ese papel... ¿Dónde encontraste todas estas ideas?

MARTA Aquí, en el periódico de la universidad.

YOLANDA Mira, hay una obra de teatro interesante... Yo quiero verla... ¿Quieres ir? Aunque los boletos pueden ser muy caros...

MARTA A lo mejor no lo son. Mi amigo Raúl trabaja en el restaurante que está junto al teatro y siempre dice que puede conseguir boletos baratos. ¿Qué piensas?

YOLANDA Fabuloso, pero... no quiero influir en tu decisión. Yo quiero ir al teatro pero no sé si a ti te gusta ese tipo de actividad para un viernes por la noche...

MARTA Yolanda, ¡claro que me gusta! Así que no te preocupes por nada. Ya está decidido, vamos a cenar al restaurante de Raúl y después al teatro.

YOLANDA De acuerdo... pero la próxima vez eliges tú adónde vamos, ¿vale?

MARTA Estoy segura de que nos vamos a llevar muy bien... ¿Crees que debo darte ya las llaves del apartamento?

YOLANDA Pues creo que sí... porque no vas a encontrar mejor compañera de apartamento...

1.2 *Ser* and *estar*

1 De vacaciones Pedro y su novia Leticia están de vacaciones. Mira el dibujo y marca **cierto** o **falso** para cada oración que escuches. Si es falsa, corrígela y escribe la oración cierta con **ser** o **estar**.

1. Pedro y Leticia están de vacaciones.
2. Pedro está contento.
3. Es invierno.
4. El día está nublado.
5. Leticia está relajada.
6. El libro es de Pedro.

2 Aprendiendo español Andrés es un estudiante de español y no sabe cuándo debe usar

ser y cuándo debe usar **estar**. Escucha a Andrés mientras lee las oraciones que ha escrito para su composición y escribe la forma correcta de los verbos.

1. *<beep>* un estudiante de español de primer año.
2. En este momento *<beep>* en la cafetería de la universidad.
3. Mis amigos y yo normalmente *<beep>* en clase hasta las dos de la tarde.
4. Ahora *<beep>* las tres en punto y *<beep>* cansado de estudiar toda la mañana.
5. A las tres y media, mi amiga Yolanda y yo tenemos que *<beep>* en el gimnasio.
6. Yolanda *<beep>* en buena forma física.
7. Mi profesor de educación física dice que correr *<beep>* bueno para el corazón.
8. Nosotros *<beep>* muy activos, por eso corremos, nadamos y levantamos pesas.

3 Andrés Escucha esta información sobre Andrés e indica si las siguientes oraciones se completan con **ser** o **estar**. Marca el infinitivo apropiado y completa cada oración con la forma correcta del verbo que has marcado.

1. Andrés siempre tiene vergüenza de hablar otros idiomas.
2. Andrés vive en California.
3. Andrés necesita ir al médico.
4. Ahora Andrés desayuna.
5. Andrés y sus amigos estudian en la universidad.
6. Andrés y su novia no se hablan.
7. La novia de Andrés sabe todas las respuestas de biología.
8. El profesor de ciencias de Andrés nació en Puerto Rico.

1.3 Progressive forms

1 La ex novia de Jorge Gonzalo y Jorge están descansando en su apartamento. Gonzalo está mirando por la ventana, cuando de repente ve a la ex novia de Jorge paseando por la calle. Escucha la conversación entre Gonzalo y Jorge, y después indica si estas oraciones son **ciertas** o **falsas**.

JORGE ¿Qué estás haciendo ahora? ¿No puedes estar sin hacer nada? Estoy intentando descansar...

GONZALO Jorge, tú sólo piensas en descansar. Siempre que te miro estás descansando, o estás

durmiendo o estás mirando la tele en el sofá...
Necesitas ser más activo, hombre...

JORGE Pero bueno... ¿qué estás haciendo en la ventana?

GONZALO Estoy tratando de abrirla...

JORGE Yo siempre estoy descansando, pero tú siempre estás mirando por la ventana... ¿a quién estás buscando?

GONZALO No, no estoy buscando a nadie... ¡No vas a creer quién está paseando por la calle en este momento!

JORGE Mmm... ¡ya lo sé, estás viendo a Jennifer López! Invítala a subir al apartamento, hombre...

GONZALO No te rías que esto es serio... ¡Es Susana, tu ex novia! Está caminando hacia aquí.

JORGE Que no estoy para bromas, Gonzalo, no es divertido...

GONZALO No estoy mintiendo, Jorge, ¡mírala!

JORGE ¡Ay, mi madre! Está mirando hacia aquí, me está sonriendo... Está saludándome. ¿Qué hago? ¡Tengo que hacer algo! ¡Noooooo!

GONZALO Mira, la estoy saludando con la mano... Oye, me está hablando... ¿Qué está diciendo? Viene hacia la puerta... Jorge, corre, que viene...

JORGE Seguro que quiere recoger los discos que ella me regaló. Están en el armario. Tíralos por la ventana...

GONZALO Ah, no, mira... está hablando con el vecino del tercer piso, el chico argentino...

JORGE No me sorprende, ese chico siempre estaba coqueteando con Susana cuando ella salía conmigo...

2 ¿Qué está pasando? Vuelve a escuchar la conversación entre Gonzalo y Jorge, y completa las oraciones según la información que escuchaste.

3 El final Jorge decide encontrarse con Susana. Imagina un final para la historia y escribe tu propia versión. Llévala a clase para compartirla con tus compañeros. ¡Sé creativo!

Pronunciación

See **Cuaderno de actividades**.

Vocabulario

Ahora escucharás el vocabulario que está al final de esta lección en tu libro de texto. Escucha con atención cada palabra o expresión y después repítela.

Audio Program Scripts

Lección 2

Contextos

1 Planes de fin de semana Escucha lo que dicen Alicia y Pilar e indica en la tabla qué planes tiene cada una para el fin de semana.

ALICIA Hola, soy Alicia, una estudiante de medicina de tercer año. Medicina es muy difícil y la verdad es que no tengo mucho tiempo libre, pero este fin de semana es mi cumpleaños y, ¡no voy a tocar los libros! Todos necesitamos descansar de vez en cuando, ¿no? El viernes por la noche voy a salir a bailar con mis amigos de la universidad. El sábado por la noche voy al concierto de U2 con mi hermano. ¡Qué emocionante! ¡Voy a ver a Bono en persona! En fin, el domingo creo que voy a quedarme en casa porque probablemente voy a tener otra dura semana de trabajo.

PILAR Bueno, antes que nada me presento: soy Pilar Ramos, una estudiante de educación física. Vamos a ver, mañana voy a participar en un torneo de tenis de la universidad con mi mejor amiga. Por eso, debo acostarme temprano esta noche, porque si no, mañana... Después del torneo, voy a salir con Ricardo, un chico simpatiquísimo, y me imagino que por la noche voy a ir a bailar con mis amigos, como todos los sábados... Yo quiero ir al concierto de U2, pero ya no quedan entradas. ¡Qué lástima! ¡Otra vez será!

2 Alicia y Pilar Ahora vuelve a escuchar los planes de Alicia y Pilar y contesta las preguntas con oraciones completas.

3 Una conversación telefónica Escucha la conversación telefónica entre Alicia y Pilar y determina si las oraciones son **ciertas** o **falsas**. Luego, corrige las falsas en el espacio indicado.

ALICIA ¡Ese teléfono otra vez! ¿Hola? ¿Quién es? ¿Qué quiere?

PILAR Alicia, ¿estás enojada? ¿Qué te pasa? ¿Por qué contestas así?

ALICIA ¿Quién es?

PILAR Soy Pilar, tonta.

ALICIA Ay, Pilar, discúlpame. Llevo una mañana horrible. Necesito terminar un trabajo para mi clase de biología antes del fin de semana, y el teléfono no hace más que sonar y sonar...

PILAR ¿No puedes pedir más tiempo para terminarlo?

ALICIA No, es imposible retrasarlo. Además, ¿no te acuerdas? ¡El sábado es mi cumpleaños!

PILAR Ay, Alicia, lo olvidé por completo. Uff, esto sí que es un problema. Es que esa tarde iba a salir a tomar unas copas con Ricardo, el chico del que te hablé...

ALICIA No me digas, ¡por fin se animó a invitarte a salir! Ya era hora... Mira, ¿por qué no invitas a Ricardo a mi cumpleaños? ¡Cuantas más personas, mejor!

PILAR Sí, ésa es una buena idea...

ALICIA Oye, tengo que terminar mi trabajo. Te llamo esta noche y hablamos más, ¿de acuerdo?

PILAR Ah, sí, perdona, olvidé lo de tu trabajo... Hasta luego, entonces.

ALICIA Chau, Pilar. Luego hablamos.

Estructura

2.1 Object Pronouns

1 Regalos de cumpleaños Gonzalo está mirando los regalos de cumpleaños que Alicia va a recibir. Escucha las preguntas de Gonzalo y responde según las pistas.

Modelo   *Tú escuchas:* ¿Quién le va a regalar este disco?
          Tú lees: Julia
          Tú escribes: Se lo va a regalar Julia.

1. ¿Quién le va a regalar este juego de ajedrez?
2. ¿Quién le va a regalar el dominó?
3. ¿Quién le va a regalar estos libros?
4. ¿Quién le va a regalar estos naipes?
5. ¿Quién le va a regalar estos boletos para el parque de atracciones?
6. ¿Quién le va a regalar esta colección de discos?

2 ¿Quién te lo va a regalar? Alicia se entera de lo que sus amigos le van a regalar y se lo dice a su amigo Roberto. Contesta estas preguntas de Roberto como si fueras Alicia.

Modelo   *Tú escuchas:* ¿Quién te va a regalar un disco?
          Tú lees: Julia
          Tú escribes: Me lo va a regalar Julia.

1. ¿Quién te va a regalar el juego de ajedrez?
2. ¿Quién te va a regalar el dominó?
3. ¿Quién te va a regalar los libros?
4. ¿Quién te va a regalar los naipes?
5. ¿Quién te va a regalar los boletos para el parque de atracciones?
6. ¿Quién te va a regalar la colección de discos que quieres?

3 La curiosidad de Jorge Jorge está mirando las cosas que Alicia y su compañera tienen en su habitación. Escucha sus preguntas y explícale para qué usan cada cosa o por qué la tienen.

Modelo *Tú escuchas:* ¿Qué hace Alicia con estos auriculares?
Tú contestas: Se los pone para escuchar música cuando trabaja.

1. ¿Qué hace Alicia con estas revistas tan viejas?
2. ¿Para qué tienen Alicia y su compañera un diccionario de español?
3. ¿Qué hace Alicia con esta guitarra eléctrica?
4. ¿Qué hace la compañera de Alicia con estas fotografías de futbolistas famosos?
5. ¿Por qué tiene Alicia esta foto de Gonzalo en su habitación?

2.2 *Gustar* and similar verbs

1 ¡Qué aburrido! Escucha una conversación entre Roberto y Rosa y contesta las preguntas.

ROSA ¿Vas a ir al concierto? Todo el mundo va, y además es el cumpleaños de Alicia.

ROBERTO A mí no me gustan las fiestas de cumpleaños. Siempre me aburren muchísimo.

ROSA Sólo te tienes que preocupar por comprar un boleto para el concierto y seguro que a Alicia no le importa si no le compras ningún regalo.

ROBERTO Ya lo sé y además Alicia me cae muy bien. Lo que pasa es que tampoco me gustan los conciertos. Me molestan los sitios donde hay mucha gente.

ROSA Por favor, Roberto, nunca te interesa nada. Tienes que ser más alegre.

ROBERTO Si quieres que sea feliz, tienes que venir conmigo al cine esta noche.

ROSA No, no insistas. Tengo que ir a la fiesta de cumpleaños, pero quizás podemos vernos otro día.

2 Adivina, adivinanza Vas a escuchar seis descripciones de personas famosas. Indica el número de la descripción que corresponde a cada famoso.

Descripción uno: Le gusta mucho la política. No le molestan las críticas del público y le encanta decir lo que piensa públicamente. ¿Sabes quién es?

Descripción dos: Le fascina la música. Le gusta escribir canciones de rock y tiene mucho talento para hacerlo. No le preocupa su edad y se siente tan joven y atractivo como cuando escribió *Satisfaction*, una de sus canciones más conocidas. ¿Sabes quién es?

Descripción tres: Tiene una voz maravillosa. A ella le interesan muchos tipos de música. Por eso, canta desde canciones de Disney hasta melodías modernas, como la canción de *Genie in a bottle*. ¿Sabes quién es?

Descripción cuatro: Le apasiona el deporte. Cuando juega, está tan concentrado en la pelota que no le duele nada, a pesar de los golpes que recibe. Tampoco le molesta perder algunos partidos, porque al final, su equipo siempre gana. Muchos dicen que es el jugador más alto de toda la liga nacional. ¿Sabes quién es?

Descripción cinco: No le importa nada más que su deporte favorito. Se dedica a mejorar su juego día tras día. Por eso, es uno de los jugadores más jóvenes del mundo que ha conseguido ganar todos los torneos importantes al menos una vez. ¿Sabes quién es él?

Descripción seis: Es de Madrid. A ella le interesa mucho el cine, pero le disgustan los comentarios de la prensa sobre su vida personal. ¿Sabes quién es ella?

3 Te toca a ti Escucha las preguntas y contéstalas con oraciones completas.

1. ¿Qué te gusta hacer en tu tiempo libre?
2. ¿Qué cantante te fascina? ¿Por qué?
3. ¿Qué es lo que más te molesta de tu mejor amigo o de tu mejor amiga?
4. ¿Qué es lo que más te preocupa sobre tu futuro? ¿Por qué?
5. ¿Cuál de todas tus clases te aburre más?
6. ¿Cuál de tus compañeros te cae mejor?
7. ¿Qué te falta en la vida para ser completamente feliz?
8. ¿Qué es lo que más te interesa aprender este año? ¿Por qué?

2.3 Reflexive verbs

1 ¡Qué diferentes! Vas a escuchar a Alicia hablar sobre sus dos amigos, Roberto y Jorge. Mira las ilustraciones y luego decide si lo que dice Alicia es **cierto** o **falso**.

Lección 2 Audio Program Scripts   **15**

1. A Jorge le gusta mucho arreglarse.
2. Roberto siempre se viste elegantemente.
3. A Jorge le preocupa estar en forma.
4. Jorge nunca hace su cama cuando se levanta.
5. Roberto se afeita todos los días.

2 La rutina familiar Tú recibiste una carta de Marta en la que cuenta la rutina diaria de su familia. Escucha un fragmento de la carta y empareja a las personas con sus actividades.

La rutina de mi familia es bastante normal. Mi hermano Andrés se levanta muy temprano, como a las cinco de la mañana. Y, ¿sabes para qué? Para arreglarse. Necesita una hora entera antes de salir para el trabajo... Mi hermana Rosa es menos coqueta. Ella se ducha y se viste en quince minutos, desayuna y sale para el trabajo. Mi papá siempre se queja de que sólo tenemos un baño y resulta difícil encontrarlo libre. Mi mamá se viste muy elegantemente todas las mañanas. Ella trabaja de directora en un canal de televisión y siempre va muy arreglada. Mi hermano menor, Alberto, sólo tiene cinco años. Desde que empezó a ir a la escuela, él se quita la ropa sin ayuda de mamá, y también se viste solo para ir a la escuela. ¡Es tan independiente! Finalmente, está el abuelo. Él siempre se queja de que todos hablamos muy bajito en casa... El problema es que él es muy mayor y no oye bien... Además, tiene problemas de memoria y algunos días no nos reconoce y no se acuerda de que nosotros somos su familia. En fin, ya ven que tengo una familia muy normal.

3 Los fines de semana Contesta las preguntas sobre tu rutina diaria durante los fines de semana con oraciones completas.

1. ¿A qué hora te levantas?
2. ¿Con quién almuerzas?
3. ¿Con qué ropa te vistes?, ¿elegante o cómoda?
4. ¿A qué hora te acuestas?
5. ¿A qué hora te duchas?
6. ¿Te aburres o te diviertes?

Pronunciación
See Cuaderno de actividades.

Vocabulario
Ahora escucharás el vocabulario que está al final de esta lección en tu libro de texto. Escucha con atención cada palabra o expresión y después repítela.

Lección 3

Contextos

1 Las tareas de Mateo El esposo de Amparo perdió su trabajo y ahora va a ocuparse de las tareas de la casa. Escucha las instrucciones que Amparo le da a Mateo y ordena sus tareas según la información que escuches.

Mateo, escúchame con atención y toma nota de todas mis instrucciones porque después no vas a recordar lo que te dije. Mira, antes de nada, en cuanto termines de desayunar, apaga la cafetera, por favor, que siempre se te olvida. Antes de ir al supermercado, debes sacar la carne congelada del refrigerador para que esté lista para la comida. Tienes que ir al supermercado antes de las tres. Debes comprar todo lo que está en la lista y elegir productos baratos... ¡y nada de comprar Coca-Cola otra vez! ¡Ya sabes que estás a dieta! Bueno, al volver del supermercado, pasa por la tienda de la esquina para buscar unos dulces que encargué. Después, mientras se cocina la comida, barre las escaleras, pasa la aspiradora en los cuartos de los niños y quítale el polvo a los muebles del salón. Ah, y antes de sentarte a mirar la telenovela, no te olvides de cambiar el foco de la lámpara de la cocina. Bueno, me voy que ya es tarde. Hasta luego.

2 ¡Que no se me olvide! Escucha una lista de las instrucciones que Amparo le da a Mateo en la **actividad 1** y haz la lista como si fueras Mateo. Sigue el modelo.

Modelo *Tú escuchas:* Debes sacar la carne.
       Tú escribes: Debo sacar la carne.

1. Apaga la cafetera.
2. Tienes que ir al supermercado.
3. Debes comprar todo lo que está en la lista.
4. Pasa por la tienda de la esquina.
5. Barre las escaleras.
6. Pasa la aspiradora.
7. Quítale el polvo a los muebles.
8. Cambia el foco.

3 Ocho horas después Son las cinco de la tarde y Amparo ya ha regresado del trabajo. Escucha la conversación que tiene con Mateo y elige la opción más adecuada para completar las oraciones.

AMPARO Hola, Mateo, ya estoy en casa... ¿Mateo? ¿Estás aquí?

MATEO Sí, sí, estoy aquí limpiando las ventanas...

AMPARO ¿No las limpiaste ayer?

MATEO Sí... bueno, no... verás, estuve muy ocupado con otras cosas ayer...

AMPARO ¿Sí? ¿Con qué estuviste tan ocupado? ¿Hablando con la vecina o mirando la televisión?

MATEO Pues... hablé un rato con la vecina... es muy simpática... y después ya era muy tarde para ponerme a limpiar...

AMPARO Esa mujer necesita trabajar más y pasar menos tiempo hablando. En fin, qué más da. El caso es que yo no la soporto, pero obviamente no tenemos la misma opinión. ¿Fuiste a la tienda a buscar los dulces?

MATEO Sí, pero los probé y no me gustan nada... ¡Odio esos dulces! Creo que voy a quejarme al dueño de la tienda.

AMPARO ¿Te comiste los dulces? No me gusta esa costumbre tuya de probar toda la comida que hay en la cocina. ¿No piensas nunca en los demás? Además, ¿qué haces comiendo dulces si tú estás a dieta?

MATEO Tranquila, Amparo, tranquila... sólo me comí la mitad...

AMPARO Es asombroso que puedas vivir sin ponerte nervioso por nada...

Estructura

3.1 The preterite

1 Para eso están los amigos A la semana siguiente, Mateo llamó a dos amigos para que lo ayudaran a limpiar la casa. Escucha lo que Mateo le cuenta a Amparo cuando ella regresa del trabajo, e indica en la tabla quién hizo cada tarea.

Amparo, ¡ya estás en casa! ¿Qué te parece? ¿Está todo bien? ¿Te parece que todo está bastante limpio? No... no digas nada, ya veo tu asombro... Deja que te explique... Mira, esta mañana llamé a un par de amigos, Paco y José Luis. ¿Los recuerdas? Los conociste en mi fiesta de cumpleaños.... Son los que llegaron muy tarde debido al tráfico. Bueno, eso no tiene importancia... Permíteme explicarte lo que hicimos. José Luis fue al supermercado y compró todas las cosas que me pediste. Cuando Paco llegó, inmediatamente se puso a limpiar la cocina. Y no sólo eso, sino que además puso toda la comida en el refrigerador. Después, yo separé los ingredientes para la comida y José Luis hirvió las papas y los huevos para la cena. Estos amigos son tan maravillosos que Paco incluso trajo productos de limpieza de su casa, por si nosotros no teníamos suficientes productos aquí. Bueno, ya puedes hablar... ¿Amparo? ¿Por qué no hablas? ¿Te quedaste tan sorprendida que no puedes hablar?

2 Preguntas Vuelve a escuchar lo que Mateo le cuenta a Amparo en la **actividad 1** y contesta las preguntas.

3 ¿Y tú? ¿Recuerdas qué hiciste la última vez que tuviste todo el apartamento para ti solo/a? Contesta las preguntas que escuches, explicando con detalles qué hiciste en cada situación.

1. ¿Cuántos días tuviste todo el apartamento para ti?
2. ¿Qué fue la primera cosa que hiciste?
3. ¿Cocinaste algo especial?
4. ¿Invitaste a alguien a comer?
5. ¿Diste una fiesta?
6. ¿Tuviste miedo en algún momento?
7. ¿Viste alguna película o escuchaste alguno de tus discos favoritos?
8. En general, ¿te aburriste o lo pasaste bien? ¿Por qué?

3.2 The imperfect

1 Cuando era soltero... Mateo está pensando en cómo era su vida antes de conocer a Amparo. Escucha lo que dice y después contesta las preguntas.

A veces es difícil vivir con otra persona, pero soy mucho más feliz ahora que cuando era soltero.

Yo siempre llegaba tarde al trabajo porque salía todas las noches con mis amigos. Además, nunca limpiaba mi apartamento. Y siempre pagaba todo con tarjetas de crédito. Tenía tantas deudas...
En cuanto a las chicas... cada semana estaba enamorado de una chica diferente pero, como era muy tímido, siempre lo pasaba fatal porque no me atrevía a invitarlas a salir.

2 El gran cambio de Amparo Amparo, la esposa de Mateo, por fin se dio cuenta de que era un poco antipática con los demás, y decidió cambiar su actitud frente a la vida. Escucha lo que dice sobre las diferencias entre la Amparo de antes y la Amparo de ahora. Después, escribe cada acción en la columna correspondiente.

Modelo *Tú escuchas:* Antes me quejaba mucho, pero ahora no me molesta nada.

Tú escribes: Se quejaba mucho *en la primera columna* y No le molesta nada *en la segunda columna.*

Verán, yo antes era una persona bastante agresiva, pero ahora soy diferente. Antes siempre le gritaba a mi esposo por cualquier razón. Ahora, le hablo con mucha calma. Antes era bastante impaciente, pero ahora, desde que empecé mis visitas al psicólogo, siempre me tomo las cosas con tranquilidad. Además, antes me preocupaba por los detalles más pequeños. Ahora, sin embargo, sólo me preocupo por las cosas que son realmente importantes. En el pasado siempre me levantaba muy temprano los fines de semana y ahora, como ya no soy la misma, me quedo en la cama hasta las diez o las once, y la verdad es que disfruto mucho al hacerlo. En fin, la verdad es que antes yo era un poco antipática y, ahora, soy la persona más simpática que conozco.

3 ¿Cómo eras tú antes? A medida que nos hacemos mayores, nuestra personalidad va cambiando poco a poco. Piensa en cómo eras tú cuando estabas en la escuela primaria. ¿Tenías la misma personalidad que ahora? Contesta las preguntas en el espacio indicado.

1. ¿Cuáles eran tus actividades favoritas cuando estabas en la escuela primaria?
2. En general, ¿crees que eras más feliz entonces que ahora? ¿Por qué?
3. ¿Qué diferencias había en tu rutina diaria en comparación con tu rutina actual?
4. En ese entonces, ¿qué profesión pensabas que ibas a tener en el futuro?

3.3 The preterite and the imperfect

1 Un chico con suerte Ricardo es un estudiante con poca experiencia que acaba de conseguir su primer trabajo. Escucha la conversación entre Ricardo y su novia Isabel sobre la entrevista e indica si las oraciones son **ciertas** o **falsas**.

RICARDO Isabel, sé que no te vas a poner muy contenta, pero he invitado a alguien a cenar esta noche.

ISABEL ¡Esta noche! ¿A quién?

RICARDO A mi nuevo jefe.

ISABEL ¿Conseguiste el trabajo?

RICARDO No te lo vas a creer. Entré a tomar un café antes de la entrevista y el hombre que estaba a mi lado tomando café era el señor Álvarez. Hablamos un momento sobre el tiempo y luego, al salir, me di cuenta de que íbamos al mismo sitio. Él era mi entrevistador y no lo sabía. Él no suele entrevistar personalmente a los candidatos, pero ese día su secretaria estaba enferma. Le gustó mi currículum vitae y me contrató allí mismo.

ISABEL Entonces en la entrevista te fue muy bien.

RICARDO A él le gustó saber que hablo idiomas y que he estudiado en otros países. Él habla italiano porque vivió en Nápoles cuando era niño, y su esposa habla francés porque vivió muchos años en París y allí estudió ingeniería.

ISABEL ¿Él te contó eso en la entrevista?

RICARDO Sí. Es un jefe joven y simpático. Hasta hace poco era profesor, pero ahora es el responsable del departamento de relaciones internacionales.

ISABEL ¿Y a qué hora vienen a cenar?

RICARDO A las seis. Hace poco su esposa y él se mudaron a una casa nueva en el campo y no pueden quedarse hasta muy tarde porque tienen una hora de viaje.

ISABEL Pero ya son las cuatro. ¡Tenemos que ordenar y limpiar todo esto!

2 Preparativos para la cena Escucha lo que cuenta Isabel sobre la cena y completa la narración en pasado utilizando los verbos de la lista en su forma correcta.

ISABEL Estoy agotada porque ayer mi novio y yo tuvimos que improvisar una cena y en menos de dos horas ordenamos toda su casa. Yo limpié el baño y Ricardo la cocina pero luego, mientras yo hacía la cena, me di cuenta de que Ricardo miraba la televisión. ¡No se imaginan cómo me enfadé! Luego él puso la mesa, pero no hizo nada más. ¿Pueden creerlo? Afortunadamente, terminamos de ordenar la casa antes de que llegara el señor Álvarez. Cuando acabamos de cenar, comenzó a llover mucho, así que les tuve que prestar un paraguas a los invitados. Y bueno, Ricardo se fue a la cama a las once porque tuvo que lavar los platos. Fue una cena divertida. La verdad es que mi novio Ricardo es un chico con mucha suerte.

3 Una cena divertida Isabel y Ricardo lo pasaron muy bien anoche. Escucha de nuevo las conversaciones de la **actividad 1** y la **actividad 2** y, con toda la información que tienes, completa estas oraciones.

Pronunciación
See **Cuaderno de actividades**.

Vocabulario
Ahora escucharás el vocabulario que está al final de esta lección en tu libro de texto. Escucha con atención cada palabra o expresión y después repítela.

Audio Program Scripts

Lección 4
Contextos

1 Identificación Escucha las siguientes definiciones de palabras o expresiones relacionadas con la salud. Después, escribe el número de la descripción correspondiente a cada una de las palabras de la lista.

1. Ésta es la forma de expresar que una persona tiene una temperatura más alta de lo normal.
2. Este término se usa para indicar un gran exceso de peso.
3. Esto es lo que hace una persona cuando quiere calmarse y dejar de estar nerviosa.
4. Ésta es la persona que hace las operaciones en un hospital.
5. Este verbo significa que una persona ha perdido la conciencia y no sabe lo que pasa.
6. Esta palabra es la opuesta de la que usamos para decir que estamos enfermos.
7. Este líquido es bastante denso y muchas veces es de color rojo. Sirve para curar la tos.
8. Esta palabra se refiere a las inmunizaciones que recibimos de pequeños.
9. Ésta es la palabra que usamos para referirnos a la oficina del médico.

2 En el consultorio del médico Escucha la conversación entre el doctor Pérez y Rosaura, una profesora universitaria. Después, indica todos los síntomas que menciona Rosaura en la conversación.

DOCTOR Rosaura, cuánto me alegro de verla... No venía usted por aquí desde...

ROSAURA Desde hace dos años. Lo sé, doctor; he descuidado un poco mi salud últimamente...

DOCTOR Pues le iba a preguntar... Tiene la cara un poco pálida... ¿Se encuentra bien?

ROSAURA Pues, ni bien ni mal... Toso mucho, pero eso es normal...

DOCTOR No, Rosaura, eso no es normal. ¿Ha dejado usted de fumar?

ROSAURA Bueno...

DOCTOR Usted se lo toma a risa pero la salud es un asunto muy serio, Rosaura. Sabe que fumar no es bueno para nadie. Es usted demasiado joven para sentirse así.

ROSAURA Lo sé, doctor, pero en mi opinión es todo culpa del estrés. Eso es lo que me está matando.

DOCTOR ¿Qué cosas le producen estrés? ¿El trabajo, las obligaciones familiares, las cuentas bancarias, su salud?

ROSAURA Todas esas cosas y, además, siento mucha ansiedad. Siento que la vida va pasando y que no he hecho nada... No sé qué quiero hacer con mi futuro, pero no puedo continuar así... La verdad es que me siento un poco deprimida...

DOCTOR Rosaura, ya sabe que en su familia hay casos de depresión y que es importante que usted esté alerta a cualquier síntoma... ¿Por qué no contesta las preguntas de este formulario mientras yo hago una llamada?

ROSAURA Bueno, pero estos formularios están llenos de tonterías... Yo no creo que sirvan para nada... pero usted es el médico... así que lo voy a hacer...

DOCTOR Muchas gracias, Rosaura. Llámeme la próxima semana para hablar sobre sus respuestas.

3 La salud de Rosaura Ahora escucha otra conversación entre el doctor Pérez y Rosaura e indica si las oraciones son **ciertas** o **falsas**. Corrige las falsas.

DOCTOR Rosaura, he hablado con una psiquiatra estupenda, Manuela del Campo, y ella está disponible para verla en media hora. ¿Por qué no va a su consulta y habla un poco con ella? Creo que esa visita puede serle muy útil...

ROSAURA Doctor, no me gustan los psiquiatras y, además, me tratan como si fuera tonta... ¿Está lejos ese sitio? No voy a tener tiempo... Tengo que hacer muchas cosas.

DOCTOR Rosaura, le ordeno que vaya a ver a la psiquiatra Manuela del Campo ahora mismo. Hágalo por usted, por favor. Sólo tiene que ir a una visita, y si piensa que está perdiendo el tiempo, pues buscamos otra alternativa. ¿Qué le parece?

ROSAURA Está bien... pero sólo una visita... Lo llamaré esta tarde para contarle cómo fue todo. Gracias por todo, doctor.

DOCTOR Hasta pronto, Rosaura, y no se olvide: La salud es lo primero.

4 ¿Cómo estás? Ahora, el doctor Pérez quiere hacerte unas preguntas sobre tu salud general. Escucha sus preguntas y responde en el espacio indicado.

1. ¿Tienes muchos hábitos que sean malos para la salud? ¿Cuáles son?
2. En general, ¿tienes problemas para relajarte o eres una persona tranquila?
3. ¿Cuáles crees que son las tres cosas que te causan más estrés?
4. ¿Te han operado alguna vez?

Estructura

4.1 The subjunctive in noun clauses

1 Demasiados enfermos Claudia, una estudiante de medicina, está pasando el fin de semana en casa de sus padres. Toda su familia está enferma menos ella; por eso, tiene que ocuparse de sus padres, sus abuelos y sus hermanitos. Escucha las instrucciones que ella le da a cada persona enferma y después conecta cada instrucción de la columna B con la persona correspondiente de la columna A.

Papá, no paras de toser... ¿Y qué es eso que tienes en la mano? ¿Un cigarrillo? Pero bueno, ¿tú crees que fumando de esa manera te vas a poner mejor? Quiero que dejes de fumar inmediatamente. Mamá, ya sé que no te gusta tomar medicamentos, pero el médico ha dicho que es necesario que tomes aspirinas para los dolores de cabeza, porque si no, te vas a sentir peor... Tómate estas dos aspirinas con agua ahora mismo. ¿Dónde está Carmen? ¿Carmen...? Escúchame con atención: tienes que ponerte este termómetro en la boca y tomarte la temperatura cada dos horas. Si sube, me llamas, por favor. ¡Abuela, ya estás otra vez preparando café! Sabes que es importante que no tomes cafeína porque después no puedes dormir. ¡Ay Dios, qué familia me ha tocado! Jorge, tú no te muevas de la mesa hasta que te termines toda esa sopa caliente, ¿me oyes? Luis, es una lástima que no puedas ir a la fiesta de tu amiguito, pero él entenderá que estás malito, así que métete en la cama ya mismo. Abuelo, ya sé que te estamos volviendo loco entre todos... mira, aquí te voy a anotar el número del médico. Es necesario que llames al médico si te sientes peor, ¿de acuerdo? Aquí tienes también mi número del celular por si acaso... Bueno, salgo a comprar algo de comida. Espero que estén todos vivos cuando regrese.

2 Yo te recomiendo Ahora Claudia tiene gripe y te ha contratado para que cuides a toda su familia. Vuelve a escuchar lo que dice Claudia en la **actividad** 1 y escribe consejos para todos. Usa cada palabra de la lista una sola vez.

Modelo   *Tú escuchas:* Quiero que dejes de fumar inmediatamente.
Tú escribes: Le sugiero que no fume.

3 Consejos para don José Don José está muy estresado porque lleva un estilo de vida muy agitado. Escucha los consejos que le da un médico y luego completa la tabla con la información que escuches.

Don José, después de haber analizado su caso de estrés, creo que usted debe cambiar su rutina y adoptar un estilo de vida más tranquilo. Ésta es la lista de recomendaciones que debe seguir para mejorar su calidad de vida: 1. Para mantenerse en forma, es importante que vaya al gimnasio y haga ejercicios para relajarse. 2. Para mejorar su dieta y prevenir enfermedades, es necesario que consuma frutas y verduras diariamente. ¡Y olvídese de la comida rápida! 3. Para no estresarse por el trabajo, le sugiero que sea organizado y que no trabaje tantas horas extras. 4. Para disfrutar más tiempo con su familia, les recomiendo que hagan actividades en la casa, como cocinar o jugar a las cartas. 5. Para que usted y su esposa no discutan tanto, les aconsejo que se reserven tiempo para descansar y divertirse juntos. Bueno, eso es todo. Ya sabe, si tiene alguna duda, llámeme al consultorio. Y espero que la próxima vez que lo vea esté mucho mejor.

4.2 Commands

1 Los consejos de César César es un estudiante de medicina que está haciendo prácticas en un hospital. Escucha los consejos que le da César a una paciente sobre la salud y el bienestar e indica si son **lógicos** o **ilógicos**.

1. No coma ningún alimento que contenga mucha grasa.
2. Beba mucha cerveza todos los días. Eso la ayudará a sentirse mejor.
3. Haga ejercicio tres veces por semana como mínimo.
4. Tenga cuidado con la sal y con el nivel de colesterol.
5. Pase un mínimo de seis horas al día mirando la televisión.
6. Reduzca la actividad física todo lo posible.
7. Mantenga una dieta equilibrada comiendo un poco de todo.
8. Tómese estas treinta pastillas de una sola vez y así no le dolerá nunca más el estómago.
9. Venga al hospital si no se siente bien.
10. Ante todo, piense mucho en los kilos que quiere perder, así desaparecerán.

2 ¡A trabajar! El doctor Arenas está enfadado por los consejos que da César a sus pacientes. Escucha lo que el doctor le dice a César e indica las tareas que tiene que hacer César. Luego, escribe los mandatos que da el doctor.

César, venga conmigo, por favor. He escuchado su conversación con la Sra. Marín y he decidido darle nuevas responsabilidades, además de las que ya tiene. Anote estas instrucciones, por favor: Primero, limpie el quirófano y esterilice todos los instrumentos. Después, vaya al restaurante de la esquina y compre comida para todos sus compañeros. Ah, y por supuesto, pague usted la comida con su propio dinero...

Cuando regrese del restaurante, prepare los informes semanales para el director del departamento de cardiología y después lleve todos estos paquetes a la oficina de correos. Descanse durante dos o tres minutos y suba al primer piso para ayudar a los empleados de limpieza a limpiar las ventanas... Están un poco sucias porque algunos pacientes vomitaron allí, ¿sabe?... Ah, claro, y cuando termine, preséntese en mi oficina para recoger la lista de tareas para mañana. ¡Diviértase mucho, César!

3 Que lo haga otra persona César le está dando mandatos a un ayudante, pero el ayudante no quiere colaborar. Escucha los mandatos de César y escribe los mandatos indirectos con los que el ayudante le responde. Sigue el modelo.

Modelo   *Tú escuchas:* Pon las vendas en el armario.
                Tú lees: (las enfermeras)
                Tú escribes: Que las pongan las enfermeras.

A ver, voy a repasar la lista para ver si lo tengo todo anotado para mis ayudantes. 1. Pon las aspirinas en el cuarto de la derecha. 2. Tómale la tensión al paciente cada seis horas. 3. Ven a trabajar el fin de semana. 4. Avísame si un paciente cancela su cita. 5. Ve a la farmacia a buscar las pastillas. 6. Mira la fractura de la niña de la habitación trescientos dieciséis.

4.3 *Por* and *para*

1 ¿Quién es? Escucha las oraciones y escribe el número de cada una al lado de la persona que crees que la ha dicho.

1. Tengo que tomar estas pastillas tres veces por día.
2. Este verano estuve en el hospital dos meses para hacer prácticas.
3. Me rompí una pierna corriendo por el parque cuando entrenaba para una maratón.
4. Trabajo en una clínica privada especializada en cirugía estética para hombres.
5. Llevo trabajando en este hospital veintiocho años. Para mí, lo más importante es cuidar la salud de mis pacientes.

6. Siempre llevo la comida a los enfermos por la mañana.
7. He descubierto una nueva vacuna para la gripe.
8. Disculpe, señor. No puedo cambiarle ese jarabe por otro. Necesita una receta del médico.

2 Confesiones de una estudiante de medicina Escucha la conversación entre la estudiante de medicina Amelia Sánchez y su amiga Carlota, y contesta las preguntas con oraciones completas.

AMELIA Ay, Carlota, como te decía, este trabajo es muy sacrificado. Fíjate que voy para el hospital todos los días a las seis de la mañana.
CARLOTA ¡Amelia! ¿Tan temprano?
AMELIA Sí, debo preparar mil cosas para los enfermos: resultados de análisis y consejos de nutrición. Luego, con el médico, tengo que visitar a los pacientes y ayudarlo en las consultas. Me encanta, pero a veces resulta muy agotador porque por las tardes tengo clase todos los días en la universidad. En fin... no quiero quejarme tanto. Para mí, lo más importante es el trato personal con los pacientes.
CARLOTA Amelia, debes estar un poco estresada, ¿no? ¿Qué haces para relajarte?
AMELIA Por las tardes me gusta caminar por el parque o ir al gimnasio.
CARLOTA Por lo menos tienes tiempo para eso; yo voy siempre a correr al parque por las mañanas porque salgo de trabajar por la noche.
AMELIA ¿Sigues trabajando para el laboratorio de análisis clínicos?
CARLOTA No, ahora trabajo para una empresa farmacéutica.
AMELIA Ah... ¡No lo sabía! ¿Te he dicho alguna vez que yo estudio medicina porque mi abuelo tenía una farmacia?

3 ¿Medicina? Vuelve a escuchar la actividad anterior e imagina el día más difícil de Amelia Sánchez en el hospital. Escribe una composición usando al menos cinco de las expresiones de la lista.

Pronunciación

See **Cuaderno de actividades.**

Vocabulario

Ahora escucharás el vocabulario que está al final de esta lección en tu libro de texto. Escucha con atención cada palabra o expresión y después repítela.

Lección 5

Contextos

1 Viajes organizados Escucha un anuncio de radio sobre viajes organizados y después completa las oraciones.

¿Necesita usted un descanso pero no tiene dinero? ¿Quiere olvidarse de su rutina diaria pero no tiene tiempo para salir? Si respondió que sí a estas preguntas, tenemos la solución perfecta para usted. En *Viajes Escape* nos dedicamos exclusivamente a organizar vacaciones para profesionales tan ocupados y estresados como usted. Y lo mejor de todo es que esta semana tenemos no uno, ni dos, sino tres viajes de oferta para ayudarle a relajarse y a disfrutar de esas mini vacaciones que tanto desea. El primer paquete incluye dos días y una noche en Playa Dorada, nuestra isla privada en el Caribe. Por sólo cien dólares, le ofrecemos la estancia en una cabaña en la playa, incluyendo tres comidas diarias y todas las propinas, además de todas las bebidas que desee. También puede practicar deportes acuáticos por una pequeña tarifa adicional. ¿Le parece interesante? Pues ésa es sólo una de nuestras tres ofertas...

También ofrecemos una excursión de montaña en el bello estado de Carolina del Norte. Esta excursión incluye dos días y una noche en uno de los hoteles más pintorescos y llenos de encanto de todo el estado. Durante el día, puede montar a caballo, caminar, pescar en los muchos ríos que hay en la zona, o simplemente disfrutar del paisaje y del aire puro de la montaña. Todos estos placeres pueden ser suyos por la módica cantidad de 99 dólares por persona. Increíble, ¿no es cierto? Aproveche esta oportunidad única.

2 Un viaje cultural Ahora escucha otro anuncio de radio e indica qué ofrece el viaje descrito.

Pues aún tenemos una oferta más, nuestro Viaje al Museo de Arte Moderno de Nueva York. Este museo, conocido mundialmente por las maravillosas obras que contiene en su colección, estará abierto exclusivamente para los clientes de *Viajes Escape* durante los días 21 y 22 de este mes. Si le interesa, el viaje incluye el servicio de un guía turístico bilingüe para cada grupo, desplazamientos en transporte público, todas las comidas y una noche en el hotel privado del museo, que se encuentra a sólo dos cuadras, e incluye servicio de habitación

las veinticuatro horas. ¿Se siente ya mejor sabiendo todas las opciones que tiene para escapar de todo ese trabajo sin gastarse una fortuna? Entonces, no pierda ni un minuto más. Reserve su viaje ahora mismo llamando al 1-800-444-3024. Nuestros agentes están disponibles para responder a sus preguntas durante el horario normal de oficina, de ocho de la mañana a cinco de la tarde. ¡No lo piense más! ¡Llame ya y empiece a disfrutar de la vida hoy mismo!

3 A mí me interesa Vuelve a escuchar los anuncios de radio de las **actividades 1** y **2** y escribe un párrafo breve explicando cuál de las tres opciones —la playa, la montaña o el museo— te interesa más. Usa al menos seis palabras de la lista.

Estructura

5.1 Comparatives and superlatives

1 Cuántos recuerdos Steve y María están de vacaciones. Después de cenar, los dos amigos van a dar un paseo por Chilapas, el pueblecito donde se hospedan. Escucha su conversación y después indica si cada una de estas afirmaciones es **cierta** o **falsa**.

STEVE María, ¿no te recuerdan estas calles a esos pueblecitos que se ven en las películas?

MARÍA Sí, sí, estaba pensando en eso precisamente. Este pueblecito me recuerda la última vez que visité España.

STEVE ¿Sí? ¿En qué parte de España estuviste?

MARÍA Estuve en un pueblecito muy pintoresco de la provincia de Aragón, que se llama Albarracín. Aunque creo que Albarracín es más grande que Chilapas.

STEVE ¿Más grande que Chilapas? Pues para ser un pueblo, debe ser de los más grandes... ¿Allí las casas también tienen tantas flores en los balcones como aquí?

MARÍA Sí, hay tantas flores como aquí, pero también hay más parques y las calles no son tan anchas como aquí, son un poco más estrechas...

STEVE Y la gente... ¿es tan simpática como la gente de Chilapas?

MARÍA Sí, pero allí tienen otro acento, con un tono un poco diferente...

STEVE Siempre me da envidia saber que tienes más oportunidades de viajar que yo...

Audio Program Scripts

MARÍA Eso no es cierto, Steve. Tú tienes las mismas oportunidades que yo para visitar otros sitios; lo que pasa es que no te decides...

STEVE Bueno... Es que yo no soy tan valiente como tú. A mí no me gusta viajar solo.

MARÍA La verdad es que yo también prefiero viajar con amigos, pero viajar sola tiene sus ventajas. Es una buena forma de conocer a la gente del país.

2 ¿Cuál te gusta más? Observa las diferencias entre las dos casas de la ilustración y después contesta las preguntas usando comparaciones.

1. ¿Cuál de las dos casas te gusta más? ¿Por qué?
2. ¿Cuál de las dos tiene menos ventanas?
3. ¿Cuál tiene las ventanas más pequeñas?
4. ¿Cuál tiene más árboles?
5. ¿Cuál de los dos jardines es peor? ¿Por qué?

3 ¿Cuál prefieres? Piensa en el lugar donde vives y en el último lugar donde fuiste de vacaciones. ¿Cuál prefieres? Escucha las preguntas y contesta según tu opinión. Usa estructuras comparativas y superlativas.

Modelo   *Tú escuchas:* ¿Cuál de los dos lugares te gusta más?
Tú escribes: Me gusta más mi ciudad que el lugar donde estuve de vacaciones.

1. ¿Cuál de los dos lugares es más interesante? ¿Por qué?
2. ¿Tienes tantos amigos en tu ciudad como en ese lugar?
3. ¿En cuál de los dos lugares preferirías vivir? ¿Por qué?
4. ¿En cuál de los dos sitios crees que la gente es más feliz? ¿Por qué?
5. ¿Crees que hay tantas oportunidades profesionales en un sitio como en el otro?
6. ¿En cuál de los dos lugares es más barato vivir? ¿Por qué?

5.2 The subjunctive in adjective clauses

1 Los planes de Celia Celia quiere ir de viaje a algún lugar exótico y le deja un mensaje en el contestador a Elisa, una amiga que trabaja en una agencia de viajes. Escucha el mensaje y complétalo con las partes que faltan. Utiliza las palabras de la lista y haz los cambios necesarios.

Hola, Elisa:

Soy Celia y estoy planeando un viaje a un lugar exótico para conocer otra cultura. Quiero visitar un lugar que no sea muy turístico. Me gustaría conocer culturas que hablen otro idioma y que tengan costumbres distintas a las nuestras. Lamentablemente, no tengo amigos que estén ahora mismo de vacaciones, así que tengo que viajar sola. Por eso, prefiero un viaje organizado con un guía que hable español. Eso sí, que no sea muy caro. Ya sabes, tampoco tengo tanto dinero. ¡Ah! Quiero que el viaje me relaje. Con tanto trabajo, necesito descansar un poco, ¿no? ¿Tienes algún folleto que pueda mirar para informarme más? Muchas gracias por tu ayuda.

2 Una idea original Elisa llama a Celia por teléfono para hablar sobre su viaje y darle más detalles. Escucha su conversación e indica si las oraciones son **ciertas** o **falsas**. Corrige las falsas usando el indicativo o el subjuntivo.

ELISA ¡Hola, Celia! Veo que quieres hacer un viaje especial.

CELIA Sí, Elisa, necesito relajarme y desconectarme porque estoy muy estresada.

ELISA ¿Quieres visitar un lugar que sea original, exótico y poco turístico?

CELIA Exactamente.

ELISA Pues tengo un viaje que te puede interesar.

CELIA Cuéntame, por favor.

ELISA Hay una nueva compañía de viajes que ofrece un viaje exótico y de aventura, pero es algo... ¿cómo diría?... un poco especial. No hay casi ningún cliente que quiera arriesgarse a hacer un viaje así, pero pienso que sería interesante para ti. Tú quieres un guía que hable español y un lugar que no esté excesivamente lleno de turistas, ¿verdad?

CELIA Así es.

ELISA La compañía de viajes *Atrévete* ofrece un viaje organizado con el nombre: "¿Quiere que lo aburran o prefiere que lo sorprendan?"

CELIA Pues la verdad es que yo prefiero que me sorprendan.

ELISA Este viaje garantiza que no hay otra experiencia igual y buscan personas que sean atrevidas, aventureras y arriesgadas.

CELIA ¡Uy! ¡Qué misterio! ¿De qué se trata?

ELISA El viajero no sabe dónde va; sólo conoce su destino al llegar. Pero, por supuesto, recibe información sobre lo que necesita llevar: visa, ropa, calzado, etc., y sabe a qué hora tiene que estar en el aeropuerto y qué día regresa.

CELIA ¿Y nada más? Pero yo quiero un hotel que esté cerca de la playa… un destino que sea exótico… un paraíso que esté sin explorar…

ELISA La compañía asegura que sigue exactamente las instrucciones del cliente y dicen que no hay ningún cliente que se haya quejado. Esta compañía respeta los gustos y preferencias del viajero y le prepara un viaje sorpresa, ¡un viaje exclusivo y único!

CELIA ¿Y conoces a alguien que viaje con esta oferta?

ELISA Bueno… la verdad es que no. Nadie se atreve.

CELIA Ejem… Pues, déjame pensarlo y esta tarde te llamo, ¿vale? Ah, oye, ¿cuánto cuesta el viaje?

ELISA Pues… Eso también es una sorpresa y no te darán el precio definitivo hasta que no hagas la reserva.

3 Un viaje muy especial Ahora escucha otra vez la conversación de la **actividad 2** y contesta las preguntas con oraciones completas. Usa el indicativo o subjuntivo según corresponda.

5.3 Negative and positive expressions

1 Viajeros muy diferentes Ricardo y Elvira son estudiantes universitarios y tienen que buscar opciones para el viaje de fin de curso. El problema es que cada uno tiene gustos muy distintos. Escucha los comentarios y transforma los afirmativos en negativos y los negativos en afirmativos.

1. A Ricardo le gustan mucho los viajes en autobús.
2. Elvira siempre quiere viajar a zonas de playa.

3. A Ricardo no le gustan nada los lugares turísticos.
4. A Elvira le gusta la vida nocturna y a Ricardo también.
5. Elvira siempre se queda en hoteles caros cuando viaja.
6. Ricardo quiere visitar algunos lugares exóticos.

2 Ideas para el viaje de fin de curso Ricardo y Elvira se han reunido con otros dos compañeros de clase para tomar una decisión sobre su viaje de fin de curso. Escucha lo que dice cada uno y elige la mejor opción para completar cada oración.

1. Elvira: O vamos a la playa…
2. Ricardo: No me interesa la montaña…
3. Pedro: Siempre hemos hecho…
4. Marina: Creo que alguien debería…
5. Elvira: La verdad es que así no podemos…
6. Ricardo: San Juan es una ciudad muy interesante…

3 No me gusta nada Después de la charla con sus compañeros, Ricardo se siente muy frustrado y todo le parece mal. Escucha las preguntas y escribe las respuestas negativas que daría Ricardo. Sigue el modelo.

Modelo *Tú escuchas:* ¿Quieres viajar en temporada alta o en temporada baja?
Tú escribes: No quiero viajar ni en temporada alta ni en temporada baja.

1. ¿Quieres ir a la montaña o a la playa?
2. ¿Prefieres visitar San Juan o Oaxaca?
3. ¿Qué te interesa más: un destino exótico o un viaje cultural?
4. ¿Te gustan las grandes ciudades o prefieres el turismo rural?
5. ¿Qué ciudad te parece más divertida: Miami o Los Ángeles?
6. ¿Te interesa conocer a mucha gente nueva en este viaje?
7. ¿Quieres visitar algún lugar en especial?

Vocabulario

Ahora escucharás el vocabulario que está al final de esta lección en tu libro de texto. Escucha con atención cada palabra o expresión y después repítela.

Lección 6
Contextos

1 Identificación Escucha el siguiente segmento de un programa de noticias. Después, marca las palabras de la lista que se mencionan.

...Y pasamos ahora a las noticias del tiempo. Como ya saben, el huracán Andrea está cada vez más cerca de nuestras costas. Nuestro equipo de meteorólogos nos comunica que mañana, a primera hora de la tarde, el huracán se desplazará hacia nuestra región. Habrá fuertes tormentas, acompañadas de truenos y relámpagos durante la mayor parte de la tarde. Debido a las fuertes lluvias que se esperan con la llegada de este huracán, las autoridades han anunciado que los refugios públicos permanecerán abiertos durante el resto de la semana, por si se producen inundaciones en la ciudad. El nivel del río se vigilará continuamente para prevenir cualquier posible desastre. Dentro de dos horas, el Instituto Nacional de Meteorología anunciará su pronóstico sobre el trayecto del huracán durante los dos próximos días. Les rogamos permanezcan atentos a esta información. Muchas gracias. Y ahora, pasamos al mundo de los deportes...

2 El medio ambiente La universidad ha organizado tres programas para los estudiantes interesados en conservar y proteger el medio ambiente. Escucha en qué consiste cada programa y después indica dos datos específicos que escuchaste sobre cada programa.

¡Atención! A todos los estudiantes que se preocupan por el medio ambiente: ¿Quieren ayudar a proteger la naturaleza y no saben qué hacer? ¿Les gustaría trabajar por una causa importante pero no tienen dinero para hacer contribuciones? Aquí tengo la respuesta que esperaban. Nuestra universidad ha organizado tres programas para que todos podamos participar protegiendo el medio ambiente y la naturaleza, de acuerdo a nuestras preferencias.

El primer programa se llama *Energía limpia*. Este programa se ocupará de organizar equipos de investigación para buscar alternativas a la energía eléctrica, y para educar al público en general sobre la importancia de usar la energía natural siempre que sea posible. La primera reunión tendrá lugar el 22 de enero a las cinco de la tarde en la cafetería del campus. Por favor, sean puntuales.

El segundo programa es para los amantes del mar y se llama *Mar azul*. Este programa estará dedicado a la protección y conservación de las especies marinas, y a vigilar la limpieza de nuestras playas y costas. Los voluntarios formarán equipos para patrullar las costas y mantenerlas limpias. También visitarán a los empresarios locales para explicarles los peligros de tirar materiales tóxicos en nuestras aguas. La primera reunión de *Mar azul* tendrá lugar en la sala D de la biblioteca el 2 de febrero a las diez de la mañana. Por favor, lleven su documento de identidad para inscribirse.

Finalmente, el programa *No a la crueldad* se concentrará en mejorar las condiciones de vida de los animales en general. Se pedirá el apoyo del gobierno y se recaudarán fondos para proporcionar mejores condiciones para los animales que son víctimas del consumo humano, como las cabras, los cerdos, los pollos y las vacas. Aunque la participación está abierta a todos los estudiantes, les quiero advertir que este programa está dirigido por vegetarianos y la mayoría de sus colaboradores están en contra del consumo de carne. Los interesados pueden llamar al 234-1021 para obtener más información sobre las actividades y los requisitos de *No a la crueldad*. ¡Anímense! ¡Una o dos horas de su tiempo cada semana pueden ayudar muchísimo a crear un mundo mejor para todos! ¡No lo piensen más! ¡Cuidar la Tierra es el deber de todos!

3 Para un mundo mejor Vuelve a escuchar la información sobre los programas medioambientales para voluntarios de la **actividad 2**, y después contesta las preguntas.

Estructura
6.1 The future tense

1 Un futuro aterrador Rappel es uno de los futurólogos europeos más famosos. Escucha sus predicciones para el futuro del planeta Tierra y después escribe por lo menos dos situaciones que Rappel predijo para cada uno de los temas.

...Miro el futuro... el futuro de la Tierra, de los bosques, de los océanos, de los seres humanos... y no veo esperanza... Es una visión muy negra, muy oscura... En los próximos cien años, el planeta cambiará muchísimo y lo perderemos por nuestra falta de respeto, por nuestra ignorancia, por no saber cuidar el lugar donde vivimos. Los bosques desaparecerán casi por completo. No tendrán animales, ni árboles verdes, ni flores... Serán como un desierto lleno de madera muerta... No habrá pájaros que hagan allí su nido. Los niños ya no irán a jugar al bosque, ni a los parques porque no quedará nada más que soledad... y silencio... no se escuchará a ningún animal, no se verá ninguna flor... nada. Los océanos se irán convirtiendo poco a poco en gigantescos contenedores de basura. No habrá playas limpias para nadar, ni cruceros para ir de vacaciones porque el agua estará llena de residuos tóxicos, y peces muertos. Sólo sobrevivirán las especies marinas que no conocemos, esas que viven en el fondo del mar... Las costas parecerán cementerios de ballenas y delfines... Será una visión muy triste... Los seres humanos destruiremos la naturaleza completamente. Llenaremos el aire de gases tóxicos y no podremos caminar por las calles sin llevar máscaras. Los ciudadanos ya no saldrán a pasear ni viajarán a otros lugares para ir de vacaciones porque no habrá ningún lugar adonde ir; todo será desolación y tristeza.

2 ¿Qué harás? Rappel quiere saber si tú estás dispuesto a colaborar para evitar estas catástrofes de las que te ha hablado. Escucha sus preguntas y contesta en el espacio indicado.

1. ¿Qué harás para proteger los bosques?
2. ¿Cómo ayudarás a mantener las playas limpias y los océanos llenos de peces?
3. ¿Qué harás para reducir la contaminación del aire?
4. ¿Cómo educarás a tus hijos para que respeten la naturaleza?
5. ¿Qué cambios harás en tu vida diaria?
6. ¿Qué medio de transporte alternativo usarás?

3 El futuro Ahora, escribe un breve párrafo con tus propias predicciones sobre el futuro. ¿Será tan malo y tan oscuro como el futuro que predijo Rappel? ¿Qué grandes cambios ocurrirán en tu vida?

6.2 The subjunctive in adverbial clauses

1 Voluntarios para salvar el mundo Lupita trabaja para una organización ecologista que está preparando un programa de educación medioambiental en las escuelas secundarias. Escúchala y luego completa lo que dice con los verbos apropiados.

Hola, chicos: Soy Lupita y trabajo para la organización ecologista "Jóvenes verdes". Hoy quiero hablarles de los problemas que tiene el planeta. En primer lugar, el agua será un recurso escaso en las próximas décadas a menos que nosotros tomemos serias medidas al respecto. También debemos proteger los mares y los océanos antes de que se extingan las especies marinas, porque su supervivencia es fundamental para el ecosistema. En caso de que no se amplíen los servicios de transporte público, nosotros tenemos que exigir que se facilite la compra de carros que usan combustible alternativo. No podemos seguir ensuciando el planeta sin que nuestra Madre Naturaleza sufra. Es necesario tomar medidas drásticas antes de que sea demasiado tarde. Aunque las medidas parezcan difíciles de poner en práctica, lo cierto es que nuestro futuro depende de nuestras acciones. Mientras nosotros sigamos de brazos cruzados, numerosas especies irán desapareciendo y por eso debemos actuar inmediatamente.

2 Un folleto con errores Lupita está preparando un folleto con medidas para cuidar el medio ambiente. Escucha sus ideas e indica si son **lógicas** o **ilógicas**. Luego, vuelve a escucharlas para corregir las ilógicas. Usa oraciones adverbiales con subjuntivo y empieza cada una con **Es necesario**.

1. Siempre que puedas, utiliza el carro en vez de usar el transporte público. Así evitarás la contaminación.
2. Cuando recicles la basura, estarás contribuyendo a la conservación de los recursos naturales del planeta.
3. Protege los mares antes de que se extingan los pájaros por no tener alimento.
4. Gasta menos agua al bañarte, a menos que quieras vivir en un planeta seco y desértico.
5. Tira a la basura el papel y el plástico siempre que sea posible.
6. Ten cuidado de no provocar incendios cuando vayas al campo.

7. Cuando laves los platos, deja el grifo abierto todo el tiempo, así ahorrarás muchos litros de agua.

8. Aunque no lo creas, es posible cambiar la situación.

3 ¿Soy ecologista? ¿Te gustaría unirte al equipo de *Jóvenes verdes*? Escucha las preguntas y contesta usando las conjunciones indicadas.

Modelo   *Tú escuchas:* ¿Utilizas el transporte público o prefieres el carro?
          Tú lees: (a menos que)
          Tú escribes: Utilizo el transporte público a menos que no sea posible.

1. ¿Vas a hacer algo para ayudar al planeta?
2. ¿Crees que es importante reciclar?
3. ¿Cuándo vas a participar como voluntario en una actividad medioambiental?
4. ¿Piensas colaborar en la limpieza de las costas?
5. ¿Reciclas las pilas y los medicamentos?
6. ¿Intentarás usar menos el carro y caminar más?

6.3 Prepositions: *a, hacia,* and *con*

1 Un viaje diferente Mateo trabaja para una compañía especializada en viajes ecológicos y turismo alternativo para jóvenes. Ahora está planeando un viaje a Puerto Rico. Escucha lo que le cuenta a Imelda, su compañera de oficina, y selecciona la opción más lógica para completar cada oración.

Mira, Imelda, yo creo que tenemos que ofrecer algo original. Puerto Rico es un país fascinante con muchísimos recursos naturales, pero los viajeros suelen ir siempre a los mismos lugares: el Parque Nacional El Yunque, la isla de Vieques, la capital, San Juan, y la ciudad de Ponce. ¡Pero hay tantas otras cosas en la isla! Siempre les digo a los clientes que el año próximo ofreceremos una excursión a la isla Culebra. ¡Ah! También contamos con el observatorio de Arecibo y con la playa de La Parguera. Con todo lo que tiene la isla, ¿por qué hay que visitar siempre los mismos sitios? Hay que cambiar la actitud tradicional hacia el turismo. Esta vez voy a organizar un viaje diferente; te lo prometo. ¿Puedo contar contigo?

2 Las maravillas de la naturaleza Mateo está pensando en los encantos naturales de Puerto Rico y decide llamar a su abuela puertorriqueña para compartir sus ideas. Escucha su conversación y completa las oraciones con las preposiciones **a, hacia** y **con** según corresponda. Luego indica si las oraciones son **ciertas** o **falsas**.

MATEO Hola, abuela. Te llamo para hablar contigo sobre Puerto Rico.

ABUELA Hola, hijo, hace varios días que no hablo con tu madre ni contigo. ¿Cómo están?

MATEO Todo muy bien abuela; le diré a mamá que te llame.

ABUELA Dile a tu madre que me llame hacia las ocho porque a esa hora ya estoy de vuelta de mi paseo por la playa.

MATEO Abuela, ¿sabes que estoy preparando un nuevo viaje a Puerto Rico?

ABUELA ¡No me digas! ¿A dónde quieres ir esta vez?

MATEO Quiero ir a la isla Culebra.

ABUELA ¡Qué bonito! La isla Culebra es un sitio maravilloso. ¡y está lleno de vegetación! También debes llevar a los viajeros a visitar los cafetales, ¿eh?

MATEO Ah, ¡qué buena idea, abuela! Y dime, ¿has visitado tú la playa de La Parguera alguna vez?

ABUELA Claro que sí. La playa de La Parguera es un lugar fascinante. ¡Saluda de mi parte a las tortugas marinas! Estuve allí hace muchos años con tu abuelo. Recuerdo como si fuera hoy cuando los dos caminábamos todos los días hacia la playa.

MATEO Nunca me lo habías contado. No veo la hora de ir a los arrecifes de coral. Bueno, abuela, hablamos luego. Se me hace tarde para mi práctica de fútbol. Chau.

ABUELA Hasta luego, Mateo.

3 Mis espacios naturales Imagina que la empresa de Mateo te contrata para organizar viajes ecológicos en el lugar donde vives. Contesta las preguntas con las preposiciones **a, hacia** y **con**.

1. ¿A qué tipo de personas quieres llevar de viaje?
2. ¿Con qué recursos naturales cuenta el lugar donde vives?
3. ¿Hacia qué hora del día se van a levantar?
4. ¿Piensas que el grupo lo va a pasar bien contigo?

Vocabulario

Ahora escucharás el vocabulario que está al final de esta lección en tu libro de texto. Escucha con atención cada palabra o expresión y después repítela.

Lección 7

Contextos

1 Identificación Escucha unas definiciones de palabras relacionadas con la tecnología y la ciencia y escribe el número de cada una junto a la palabra correspondiente.

1. Es un sinónimo de idea.
2. Necesitas esta palabra clave para abrir tu correo electrónico.
3. Sirve para ver las estrellas.
4. Esto es lo que nos permite proteger un invento.
5. Este verbo significa copiar a un ser vivo de forma exacta.
6. Es un símbolo que se usa en todas las direcciones de correo electrónico.
7. Todos los seres humanos están compuestos por muchísimas de éstas.
8. Esta palabra implica que algo nuevo ha sido encontrado.
9. Lo usas cuando necesitas buscar algo en Internet.
10. Algunas personas creen que existen estos seres que viven en otros planetas.

2 ¿Para bien o para mal? Algunos adelantos científicos son muy positivos, pero otros causan problemas que pueden resultar destructivos para la humanidad. Escucha las oraciones y determina si se refieren a un descubrimiento o invento positivo o negativo. Luego, escribe el nombre del invento o descubrimiento en la columna apropiada.

Modelo: *Tú escuchas:* Se ha descubierto una cura para el cáncer.
Tú escribes: Cura para el cáncer *en la columna de Positivo.*

1. Se ha descubierto una nueva bomba que permitirá destruir un país en sólo unos minutos.
2. Se ha descubierto una crema que puede reducir los efectos de la vejez en un veinte por ciento.
3. Se ha descubierto una vacuna contra la depresión. Las personas vacunadas no sentirán tristeza nunca más después de vacunarse.
4. Se ha inventado una nueva tecnología que permite entender exactamente lo que piensan los animales.
5. Se ha descubierto una nueva fórmula que permitirá que los seres humanos tengamos el mismo aspecto físico desde el nacimiento hasta la muerte.

3 ¿Qué opinas tú? Escucha con atención las preguntas y después contesta según tu opinión.

1. ¿Qué prefieres usar: el teléfono convencional o el teléfono celular? ¿Por qué?
2. ¿Te interesa la computación? ¿Por qué?
3. ¿Piensas que es ético usar animales en experimentos científicos?
4. ¿Crees que existen los extraterrestres? ¿Por qué?
5. ¿Crees que es una buena idea organizar viajes turísticos a la Luna?
6. ¿Crees que en el futuro podremos viajar a través del tiempo?

Estructura

7.1 The present perfect

1 Prácticas en el laboratorio Germán y Soraya son estudiantes que están haciendo prácticas en un laboratorio de investigación científica. Escucha su conversación sobre sus actividades de esta mañana e indica quién —Soraya, Germán o su amigo Luis— ha hecho cada una.

GERMÁN Ay, ¡qué cansado estoy! Sin duda, el trabajo en este laboratorio no es fácil. Esta mañana he trabajado muchísimo: he mandado muchos correos electrónicos, he navegado en la red, he descargado mucha documentación para mi nuevo trabajo de investigación. En fin... No he parado.

SORAYA Pero, Germán, ¿has guardado todo eso?

GERMÁN Sí, en un CD y también en mi computadora portátil.

SORAYA Yo he hecho muchas llamadas telefónicas esta mañana y he terminado de fotocopiar los artículos que me dio el doctor Morales. Bueno, y también he leído las lecturas para mi clase de biología. Creo que también yo necesito un descanso.

GERMÁN Luis, en cambio, ha trabajado toda la mañana en un nuevo invento que quiere patentar. Está tan ocupado que sólo ha desayunado un yogur porque no ha tenido tiempo para comer nada más.

SORAYA ¿Y qué ha inventado?

GERMÁN Un robot para limpiar la casa.

SORAYA Ay, Luis; siempre buscando cómo mejorar la calidad de vida de los humanos... Un día de éstos nos va a sorprender a todos con algún invento revolucionario que pasará a la historia, ya lo verás...

Audio Program Scripts

2 Un robot que limpia la casa Luis Pérez acaba de patentar un robot que limpia la casa. Escucha la entrevista que le hacen sobre su invento e indica si las oraciones son **ciertas** o **falsas**. Corrige las falsas.

PERIODISTA Señor Pérez, ¿cree que ha diseñado el invento del siglo veintiuno?

LUIS No, en el siglo veintiuno se van a inventar muchas cosas más, pero pienso que con este robot he logrado que todos podamos disfrutar más de nuestro tiempo libre.

PERIODISTA ¿Es cierto que usted ya ha recibido varias ofertas de compra de la patente?

LUIS Sí, he recibido varias ofertas que estoy considerando, y también me han ofrecido una beca para continuar mi trabajo de investigación en los Estados Unidos.

PERIODISTA ¿Cuánto tiempo ha dedicado a este proyecto?

LUIS He dedicado más de diez horas al día durante dos años, pero creo que he conseguido lo que buscaba: un robot que permite a las personas pasar menos tiempo preocupándose por la limpieza. ¿No es genial?

PERIODISTA ¿Quiere añadir algo más, señor Pérez?

LUIS Sí... Quiero reconocer aquí y ahora todo el apoyo que he recibido de mi familia y mis amigos durante estos dos años. A ellos les dedico este robot tan especial... sobre todo a mi madre. Ella está contentísima porque ahora puede dedicarse a su gran pasión: ¡el tenis!

3 El invento del siglo Imagina que acabas de inventar algo revolucionario e innovador. Primero haz una breve descripción de tu invento y después contesta las preguntas usando el pretérito perfecto.

1. ¿Cómo se llama el invento que has creado?
2. ¿Has pensado en quién lo puede utilizar?
3. ¿Cuánto tiempo has trabajado en él?
4. ¿Lo has patentado ya?
5. ¿Qué ha dicho la prensa sobre tu invento? ¿Cómo ha reaccionado el público en general?
6. ¿Qué han opinado tus amigos?

7.2 The past perfect

1 Una simple cuestión de gustos Marta y Carlos están en un laboratorio de genética esperando su turno con el asesor genético para determinar qué tipo de bebé les gustaría tener. Escucha su conversación y después determina si cada una de las oraciones es **cierta** o **falsa**, según lo que escuches.

MARTA Carlos, creo que ya he tomado una decisión; quiero que nos preparen una niña pelirroja con ojos negros.

CARLOS Bueno, Marta, no vayas tan deprisa. Primero tenemos que saber si tenemos todos los genes necesarios para producir ese bebé.

MARTA No, hombre. ¿No has oído lo que ha dicho el asesor genético? Lo único que necesitamos es decidir cómo queremos que sea nuestro bebé. Hasta podemos decidir qué voz va a tener... ¡Estoy tan ilusionada!

CARLOS Sí, yo también, pero imagina que algo sale mal y nos sale un bebé con muy mal carácter o que no se parece en nada a nosotros. No sé, creo que he cambiado de idea, no había pensado en las consecuencias.

MARTA No seas ridículo, Carlos, eso no va a ocurrir. Lo hemos estado pensando durante meses, y ahora no puedes cambiar de idea. Ayer vi las fotos del primer bebé que nació hace tres años con esta nueva técnica y era un niño muy guapo. Tenía una sonrisa y unos ojos maravillosos.

CARLOS Marta, cada vez que pienso en estas cosas me pongo nervioso... ¿y si se les olvida algo? ¿Y si le ponen una pieza defectuosa y a los cuatro días se rompe?

MARTA Carlos, ya he oído demasiadas tonterías. En este laboratorio, los médicos habían tenido algunos problemas en el pasado, es cierto, pero ya no estamos en el siglo veinte, y ya han desarrollado unos métodos perfectos. Ahora no ocurren ese tipo de errores...

CARLOS Bueno, bueno... creo que voy a pensar en otras cosas mientras nos llega el turno...

2 Te toca a ti Vuelve a escuchar la conversación entre Marta y Carlos. Después, contesta las preguntas con oraciones completas.

Modelo: *Tú escuchas:* ¿Qué habían decidido Marta y Carlos antes de ir al laboratorio?
Tú escribes: Marta y Carlos habían decidido tener un bebé.

1. ¿Habían elegido el tipo de bebé antes de llegar al laboratorio?
2. ¿En qué no había pensado Carlos?
3. ¿Qué les había dicho el asesor genético?
4. ¿Cuándo había nacido el primer niño con la nueva técnica?
5. Según Marta, ¿qué había pasado antes, en el siglo veinte, en ese laboratorio?

3 ¿Qué habías hecho? ¿Te acuerdas de los momentos importantes de tu vida? Escucha las preguntas y responde si ya habías hecho esas cosas en el año indicado.

Modelo: *Tú escuchas:* ¿Ya habías nacido?
Tú lees: En mil novecientos noventa y dos
Tú escribes: yo ya había nacido.

1. ¿Ya habías empezado la escuela primaria?
2. ¿Ya habías conocido a tu mejor amigo o amiga?
3. ¿Ya habías escrito algún mensaje electrónico?
4. ¿Ya habías estudiado alguna lengua extranjera?
5. ¿Ya habías aprendido a manejar un carro?
6. ¿Ya habías decidido qué especialidad querías estudiar?

7.3 Diminutives and augmentatives

1 Una mascota muy especial Cristina y Esteban van a una clínica veterinaria experimental para pedir que les hagan una mascota (*pet*) original. Escucha su conversación e indica si las oraciones son **ciertas** o **falsas**.

ESTEBAN ¿Estás segura de qué tipo de mascota quieres?

CRISTINA Quiero un "perrogatito", ya te lo he dicho. Es mitad perro y mitad gato, y le gustará mucho al bebé de Carlos y Marta.

ESTEBAN Pues me gustaría un "perrogatito" con orejotas grandotas. Siempre me han gustado las mascotas con orejas muy grandes, como las mías.

CRISTINA ¡Qué cosas tienes! A mí me encantan los animales con ojazos grandotes.

ESTEBAN Pues, entonces, será un "perrogatito" con orejotas y ojazos para que sea un perro guardián. ¿Algo más?

CRISTINA Y con los dientes pequeñitos para que no nos muerda. Ayer me dijiste que viste una mascota con los dientecitos muy pequeños, ¿verdad?

ESTEBAN Sí, estaba en una revista y me gustó mucho. Bueno, pues le diremos al veterinario que queremos un "perrogatito" con orejotas, ojazos y dientecitos. Y con una naricita pequeñita, pero con las patas bien grandotas para que pueda correr más rápido. ¿Qué te parece?

CRISTINA Creo que este "perrogatito" va a ser un animal muy original. En cuanto a la personalidad, el veterinario ha dicho que no podemos elegir, que aún no

pueden programar la personalidad de los animales, pero que es posible que puedan en el futuro. ¡Qué loco! ¿No?

2 Comentarios Escucha los comentarios de cuatro personas sobre los experimentos con animales. Indica si están a favor o en contra e identifica los aumentativos o diminutivos que usa cada uno. Luego escribe tu opinión sobre este tema.

1. Hola. Soy Esteban y pienso que los experimentos genéticos con animalitos son crueles y deben prohibirse. ¡Pobrecitos los animales!
2. Me llamo Teresa. Para mí, es una gran paradoja que los humanos seamos tan cabezotas y no entendamos que no se debe experimentar con seres vivos de la manera en que lo hacemos.
3. Mi nombre es Pedro. Tengo un hermanito que tiene una enfermedad incurable. Por eso, para mí está bien que se hagan experimentos científicos con animales para encontrar la cura para enfermedades.
4. Me llamo Gabriela. Yo no tengo ningún problema con los experimentos. Es más, me encantaría tener una mascotita hecha a mi medida. Si la ciencia permite hacer versiones pequeñitas de animales grandotes, ¿por qué no?

3 El veterinario y su mascota Cristina te va a dar una descripción de la mascota que quiere. Imagina que eres el veterinario de la clínica y prefieres crear una mascota distinta. Escucha lo que dice Cristina y escribe la descripción del animal que tú prefieres, convirtiendo los aumentativos en diminutivos y viceversa.

Modelo: *Tú escuchas:* Mi animalito tiene patas (*animal legs*) pequeñitas.
Tú escribes: Mi animalote tiene patas grandotas.

1. Mi animalito tiene orejotas y ojazos.
2. Mi mascota tiene unos dientecitos muy chiquititos.
3. Mi nueva mascota tiene una naricita pequeñita.
4. Mi "perrogatito" tiene una cabezota grandota.
5. Mi animalito tiene una bocota enorme.

Vocabulario

Ahora escucharás el vocabulario que está al final de esta lección en tu libro de texto. Escucha con atención cada palabra o expresión y después repítela.

Lección 8

Contextos

1 Identificación Escucha unas definiciones relacionadas con la economía y el trabajo y elige la palabra que corresponde a cada una.

1. Esta palabra se usa para indicar que una persona va a recibir más dinero por hacer el mismo trabajo.
2. Esta palabra se refiere al documento que especifica la relación laboral entre un trabajador y el empleador.
3. Esta palabra se usa para indicar que una persona va a perder su trabajo.
4. Esta palabra es un sinónimo de trabajo.
5. Esta palabra se usa para referirse a la ruina económica de una compañía.
6. Esta palabra se refiere a la cantidad de dinero que se va a dedicar a cierto proyecto.
7. Esta palabra indica que una persona de más de sesenta y cinco años ya no va a trabajar más.
8. Esta palabra se refiere a las asociaciones de trabajadores.
9. Esta palabra se usa para hablar del documento que contiene información sobre la experiencia profesional de una persona.
10. Esta palabra es un sinónimo de pedir o requerir.

2 ¿Quién lo dijo? Escucha lo que dicen cinco personas sobre el trabajo y escribe el número del comentario al lado de la persona que lo dice.

1. Me gusta mi trabajo y me gusta ayudar a la gente a abrir cuentas de ahorro y prestarles dinero para comprar la casa de sus sueños.
2. Verá... he revisado los gastos de su empresa y le aconsejo que haga unos cambios. El gerente debe administrar mejor los recursos o tendrán que despedir a algunos empleados. También tiene que invertir pensando en el futuro de este tipo de empresa.
3. Necesito encontrar un trabajo lo antes posible, no quiero gastar mis ahorros.
4. Es duro ganarse la vida así. Tenemos que viajar constantemente y tener a los clientes contentos con sus compras. Tengo que decir, sin embargo, que me encanta mi profesión.
5. Me gusta tener mi propio negocio, porque tengo libertad para hacer lo que quiera.

3 ¿Cuánto sabes sobre el mundo laboral? ¿Estás preparado o preparada para entrar a formar parte del mundo laboral? ¿Tienes una idea clara de cuáles son tus objetivos? Escucha las preguntas y contesta según tu propia experiencia.

1. ¿Te interesa más un trabajo agradable con un sueldo bajo o un trabajo muy estresante con un sueldo altísimo?
2. ¿Hay otros aspectos que te interesen además del sueldo? ¿Cuáles?
3. ¿Preferirías trabajar para una empresa grande o para una compañía pequeña? ¿Por qué?
4. ¿Crees que tendrás una sola carrera durante tu vida profesional? ¿Por qué?
5. Si tú fueras el entrevistador de una compañía, ¿contratarías a alguien como tú? ¿Por qué?
6. En tu opinión, ¿cuáles son tus mejores cualidades a nivel profesional?

Estructura

8.1 The conditional

1 Una entrevista de trabajo Felipe tiene una entrevista para un puesto de vendedor en una empresa de finanzas. Escucha la conversación entre Felipe y el entrevistador y elige el final adecuado para estas oraciones.

ENTREVISTADOR Buenas tardes, ¿podría cerrar la puerta, por favor?
FELIPE Por supuesto.
ENTREVISTADOR Usted se llama Felipe Cáceres, ¿verdad? Dígame una cosa, si trabajara con nosotros, ¿le importaría tener que viajar?
FELIPE En absoluto, viajaría con mucho gusto.
ENTREVISTADOR ¿Estaría dispuesto a trabajar los fines de semana?
FELIPE Sí, trabajaría los fines de semana, pero me gustaría tener un día libre a la semana para estar con mi familia.
ENTREVISTADOR ¿Podría decirme qué es lo que le interesa más de este puesto?
FELIPE Me interesa el trato con los clientes y la posibilidad de ascender.
ENTREVISTADOR Si consiguiera el trabajo, ¿viviría aquí en la ciudad?

FELIPE Sí, viviría aquí para estar más cerca de la oficina.

ENTREVISTADOR Si lo contratáramos, ¿qué sería lo primero que haría en la empresa?

FELIPE Saludaría a todos los compañeros e intentaría conocer bien a nuestros clientes.

2 ¡Cuántas preguntas! Después de la entrevista, Rosa, una amiga de Felipe, le hace preguntas sobre lo que ocurrió. Escucha su conversación y decide si las oraciones son **ciertas** o **falsas**. Corrige las falsas.

ROSA Felipe, quiero saberlo todo sobre lo tu entrevista de hoy. ¿Qué hora era cuando te entrevistaron?

FELIPE Serían las once aproximadamente.

ROSA ¿Cuántas personas más había en la empresa esperando para la entrevista?

FELIPE Hmm... No sé. Habría diez o quince personas, más o menos.

ROSA ¿Cuánto duró la entrevista?

FELIPE Duraría una hora. No recuerdo muy bien. Es que estaba tan nervioso, ¿sabes?

ROSA ¿Y a qué hora saliste de allí?

FELIPE Saldría hacia las doce.

ROSA ¿Qué te dijo el entrevistador al final?

FELIPE Me dijo que ya me llamaría. Bueno, Rosa, ¡basta ya de preguntas que me estás poniendo muy nervioso!

ROSA Bueno, tranquilo, hombre. Con esta actitud no vas a conseguir trabajo.

3 Tu propia entrevista Imagina que vas a tener una entrevista para un trabajo muy interesante y necesitas prepararte bien. Contesta las preguntas sobre cómo te prepararías usando el condicional.

Modelo *Tú escuchas:* ¿Cómo irías a tu entrevista? ¿Caminando, en carro o en taxi?
Tú escribes: Iría en mi propio carro.

1. ¿Qué ropa llevarías puesta?
2. ¿Qué aspectos de tu currículum mencionarías?
3. ¿Llegarías un rato antes o justo a tiempo para la entrevista?
4. ¿Tratarías a tu entrevistador de tú o de usted?
5. ¿Cómo negociarías el sueldo? ¿Aceptarías cualquier oferta o pedirías un sueldo determinado?

8.2 The past subjunctive

1 La huelga general Los trabajadores de una compañía petrolera venezolana hicieron una huelga para pedir cambios políticos y mejoras en el trabajo. Escucha las peticiones de los sindicatos y los trabajadores. Después explica qué pidieron, usando el imperfecto del subjuntivo.

1. Los trabajadores demandamos que nos aumenten el sueldo.
2. En el sindicato exigimos que haya mayor seguridad en el trabajo.
3. Soy Luis Pérez, trabajador de esta empresa, y pido que nos paguen mejor las horas extraordinarias.
4. Soy Marisa Canto, trabajadora de esta empresa, y pido que abran una guardería para los hijos de los empleados.
5. Los sindicatos exigimos que la empresa destine dinero a programas sociales y educativos.
6. Los trabajadores del comedor reclamamos que la empresa construya una cocina más moderna.

2 Las finanzas Primero, lee estos seis finales de oraciones sobre inversiones y bienes inmuebles. Luego, escucha los comentarios y escribe el número del principio más lógico para completar las oraciones.

1. Los señores Pérez podrían introducirse en el mercado chino si...
2. Los señores Díaz sólo tienen un hijo y podrían pagar menos impuestos si...
3. Marisa Pérez tiene acciones en una empresa petrolera pero obtendría más beneficios si...
4. Luis Gómez quiere comprar una casa en la ciudad, pero haría una mejor inversión si...
5. Saúl y Ana tienen una empresa de importación, pero mejorarían su negocio si...
6. Carlos tiene una cuenta de ahorro, pero tendría más dinero si...

3 Alta costura Una joven y excéntrica condesa millonaria ha llegado a la tienda de Carolina Herrera donde tú trabajas de vendedor o vendedora. Escucha sus peticiones absurdas. Luego, escribe las cosas que te pidió que hicieras.

Buenas tardes. Antes que nada me presento. Soy la condesa María Victoria Isabel de Pérez-Morales y quiero encargar un traje muy especial de Carolina Herrera y también algunos accesorios como bolsos, zapatos y joyas. Por favor, te pido que me escuches atentamente. Te mando que me traigas un café con un pedazo de torta de chocolate para desayunar. También quiero que me des otra silla para sentarme; ésta no me gusta porque es negra y yo nunca me siento en sillas negras. También te pido que llames a Carolina Herrera porque prefiero que me atienda ella personalmente. Te ordeno que me enseñes las últimas creaciones que han llegado para la primavera. ¡Ah!, y te mando que te cambies de ropa. Esos colores que llevas me ponen muy nerviosa. ¡Son horribles!

8.3 *Si* clauses with simple tenses

1 Una tarde libre Carlos no trabaja esta tarde y quiere aprovechar para hacer muchas cosas. Escucha las actividades que planea hacer y ordénalas cronológicamente.

Hoy, si hace buen tiempo, iré a dar un paseo y después iré a visitar a mi madre. Si mi hermana está en casa de mi madre, probablemente tomaré un café con ella en el café de la esquina. Luego, si tengo tiempo, haré unas compras y después, si no se me hace muy tarde, iré al cine a la sesión de las cinco. Cuando salga, a eso de las siete, si puedo, llamaré a Luis para quedar y, si él quiere, iremos a cenar a un restaurante. Si cenamos pronto, todavía tendremos tiempo para ir a jugar al billar.

2 Cómo casarse con un millonario Valeria acaba de recibir un aumento de sueldo y por eso hoy se siente soñadora y optimista. Primero, completa las oraciones con el tiempo adecuado. Luego, escucha la conversación entre Valeria y su amiga Diana y decide si las oraciones son **ciertas** o **falsas.**

VALERIA ¡Diana! ¡Dianita! Hoy estoy de suerte. Cuando salga de aquí, ¡me voy a comprar un billete de lotería!

DIANA ¿Y qué harías si ganaras la lotería?

VALERIA Ay... Me iría de viaje a las Bahamas. Si fuera de viaje a las Bahamas, conocería a un millonario. Y si conociera a un millonario, me casaría con él.

DIANA ¿Y qué harías si te casaras con un millonario?

VALERIA Pues, supongo que seguiría escribiendo artículos, pero desde mi casa. Y donaría mi sueldo para obras de caridad. Bueno, también estaría siempre viajando: París, Roma, Buenos Aires... Y si viajara mucho, aprendería muchos idiomas y conocería muchas culturas.

DIANA ¡Ay, Dios mío! Valeria, son las once y tenemos que terminar el artículo para las dos. ¡Deja ya de decir tonterías!

VALERIA ¡Ay! Si fuera millonaria, no tendría que tener prisa nunca más.

3 ¿Y tú? ¿Qué harías tú en estas situaciones laborales? Escucha las preguntas sobre situaciones presentes e hipotéticas y contesta con oraciones completas. Usa el presente y el condicional, según corresponda.

Modelo   *Tú escuchas:* ¿Qué haces si en tu trabajo te ofrecen más responsabilidades sin un aumento de sueldo?
Tú escribes: Si me ofrecen más responsabilidades sin un aumento, yo hablo con mi jefe.
Tú escuchas: ¿Cómo actuarías si en una ocasión te pagaran dos veces por error?
Tú escribes: Si me pagaran dos veces por error, yo devolvería la parte del dinero que no me corresponde.

1. Si te ofrecieran un trabajo bien pagado pero aburrido, ¿lo aceptarías? ¿Por qué

2. ¿Qué haces si despiden sin explicación a un amigo de tu trabajo?

3. ¿Cómo actuarías si te dieras cuenta de que un compañero de trabajo pasa más tiempo escribiendo mensajes de correo electrónico personales que trabajando?

4. Si fueras el jefe de una empresa, ¿qué harías si un empleado tomara siempre una hora y media para almorzar en lugar de una hora?

5. ¿Qué haces si tienes un compañero de trabajo que tiene dificultades porque no habla muy bien tu idioma?

Vocabulario

Ahora escucharás el vocabulario que está al final de esta lección en tu libro de texto. Escucha con atención cada palabra o expresión y después repítela.

Lección 9

Contextos

1 Identificación Escucha unas definiciones relacionadas con la cultura popular y los medios de comunicación y escribe el número de la definición al lado de la palabra correspondiente.

1. Éstas son las personas que tienen mucha fama en el mundo del cine o de la música.
2. Éste es un tipo de publicación que se centra en escándalos y cosas que llaman mucho la atención.
3. Ésta es la palabra que usamos para referirnos a la gente que va a ver una película o a escuchar un concierto.
4. Ésta es la persona que nos da las noticias en la televisión.
5. Esta palabra se refiere a las letras grandes que encabezan los artículos y las noticias de los periódicos y las revistas.
6. Información sobre los últimos acontecimientos, el tiempo y los deportes.
7. Éste es un tipo de programa con muchos episodios. Normalmente narra una historia amorosa.
8. Esta palabra es un sinónimo de rumores.

2 Programación televisiva Escucha un anuncio de una cadena de televisión e indica qué programación televisiva corresponde a cada uno de los días indicados.

Y hoy lunes, a las ocho de la tarde, vamos a presentar el último episodio de la serie *Tigres*, que tanto éxito ha alcanzado durante la última temporada. Después de *Tigres*, como siempre, les presentaremos los chismes de sociedad con Luz García. El miércoles será el gran día para los aficionados al deporte. Empezaremos la programación con las crónicas deportivas de Raúl González, seguidas de un reportaje fascinante sobre las vidas de los grandes jugadores del fútbol mundial. El viernes, como ya es habitual, presentaremos un documental sobre cultura popular, seguido de nuestra revista semanal *Siete días*. Finalmente, el domingo, vamos a presentar el estreno de un largometraje que ha tenido muchísimo éxito en Europa y acaba de llegar a nuestro país. Podrán ver esta película, titulada *Un día cualquiera*, con subtítulos en español a las siete de la tarde, y

en versión original subtitulada en inglés esa misma noche a las diez. Y eso es todo por el momento. Estén atentos para conocer las nuevas series que podrán ver en este canal durante el próximo otoño.

3 ¿Y los demás días? Vuelve a escuchar la programación televisiva de la **actividad 2**. Teniendo en cuenta el tipo de programación del anuncio, imagina qué programas se transmitirán los tres días restantes.

Estructura

9.1 Present perfect subjunctive

1 ¡Qué nervios! Imagina que eres el ayudante de un actor de teatro que está muy nervioso el día del estreno. Escucha lo que dice el actor e intenta tranquilizarlo. Sigue el modelo.

Modelo *Tú escuchas:* ¡Qué nervios! Creo que se me ha olvidado el guión.
      Tú escribes: No creo que se te haya olvidado el guión.

1. Pienso que no he ensayado lo suficiente.
2. Creo que el público se ha cansado de mí.
3. Estoy seguro de que los críticos se han olvidado de mí.
4. Es verdad que he actuado en obras de teatro malísimas.
5. Creo que el director no me ha invitado a su fiesta.
6. Creo que a los espectadores no les ha gustado mi actuación en la última obra del famoso director noruego.

2 El jefe mentiroso Estás trabajando de ayudante para una publicación sensacionalista. A ti no te gusta el trabajo, pero necesitas el dinero. El problema es que tu jefe no deja de inventar historias que tú sabes que no son verdad. Escucha cada chisme que menciona tu jefe y dile lo que piensas en tus propias palabras.

Modelo *Tú escuchas:* Jon Bon Jovi se ha divorciado después de diez años de matrimonio.
      Tú escribes: Dudo mucho que Jon Bon Jovi se haya divorciado; o
      Me extraña que Jon Bon Jovi se haya divorciado.

1. Acabo de enterarme de que Madonna ha decidido dejar de ser famosa.
2. No te lo vas a creer, pero he visto a Barbara Walters besando a Matt Damon.
3. Acabo de descubrir que Jennifer López quiere ser presidenta de los EE.UU.
4. Increíble pero cierto, muchachos, acabo de enterarme de que el presidente se ha reunido con Elvis.
5. Ya sé que van a pensar que estoy loco, pero créanme cuando les digo que me he encontrado con Steven Spielberg en la esquina.
6. Éste es el mejor titular del siglo. ¡Por fin se descubrió el fraude! Michael Jordan no es un ser humano. ¡Es un robot!

3 Y tú, ¿qué piensas? Escucha cinco preguntas sobre los chismes y los medios de prensa y responde expresando tu opinión. Usa el pretérito perfecto del subjuntivo.

1. ¿Te sorprende que la prensa sensacionalista se haya convertido en un medio tan importante? ¿Por qué?
2. ¿Es justo que los chismes publicados sobre algunos actores hayan arruinado sus carreras?
3. ¿Es posible que nosotros mismos hayamos colaborado en la creación de la industria del chisme por querer conocer la vida privada de los famosos?
4. ¿Te molesta que se hayan publicado noticias exageradas o falsas sobre personas famosas?
5. ¿Piensas que la calidad de los medios de comunicación ha mejorado con los años?

9.2 Relative pronouns

1 Patricia Montero, estrella de cine

Escucha la entrevista de Fabiola a la gran actriz Patricia Montero. Luego escribe el nombre de la persona que dice cada oración.

FABIOLA Tengo frente a mí a la estrella que ha tenido grandes éxitos con la fotonovela *Mujer divina*. Dime, Patricia, ¿cuál es el actor más atractivo con quien has trabajado?

PATRICIA El compañero más atractivo y más interesante con el que he trabajado es, sin duda, George Clooney. Es un gran actor a quien siempre he admirado. Ha sido un honor trabajar con él.

FABIOLA Hemos oído que vas a empezar a grabar una nueva telenovela. ¿Podrías decirnos el nombre del director con quien trabajarás?

PATRICIA Será Luis Aguilera, un joven director que tiene un nuevo concepto de las telenovelas que va a ser revolucionario.

FABIOLA ¿Qué aspectos son revolucionarios en su nueva telenovela?

PATRICIA Mira, el público fiel a las telenovelas está cansado de ver siempre lo mismo. Quiere personajes reales con los que pueda identificarse y situaciones inteligentes que aporten nuevos puntos de vista sobre las relaciones humanas.

FABIOLA Y, dime... Dicen que el camerino en el que te vistes y maquillas siempre tiene flores exóticas y champán. ¿Es eso cierto?

PATRICIA ¡Ay, los periodistas! Eso lo escribió un reportero cuya esposa era actriz y estaba celosa de mi éxito. Los compañeros con los que trabajo pueden confirmar que eso es una gran mentira. El camerino en el que me visto nunca tiene flores exóticas, ¡y jamás bebo alcohol! Y ahora, Fabiola, si me permites, tengo que ensayar para el próximo episodio de mi telenovela.

FABIOLA Disculpa, Patricia, ¡no quise hacerte enojar! Buena suerte con la nueva telenovela.

2 La entrevista Ahora escucha de nuevo la entrevista de la **actividad 1** y completa estas oraciones con los pronombres relativos de la lista.

3 La fama Vas a escuchar unos comentarios sobre personas que trabajan en distintos medios de comunicación. Escúchalos y contesta las preguntas usando los pronombres relativos indicados.

1. La chica está allí sentada. Ella es la doble de una famosa cantante latina.
2. El reportero se ha hecho muy famoso. Su libro conmovió al público.
3. Él es un crítico de cine. Almorzamos con él la semana pasada.
4. La emisora tiene un locutor nuevo. La emisora se ha hecho popular entre la comunidad latina.
5. Conocí a ese chico en un concierto. Es un chico muy atractivo.
6. Mandé unas fotografías de los efectos especiales. Los efectos especiales de esa película merecen un reportaje exclusivo.

9.3 The neuter *lo*

1 Los placeres del mate Rosana, una estudiante uruguaya de intercambio en los Estados Unidos, ha preparado una presentación sobre el mate para una de sus clases. Escucha un fragmento de su presentación y después indica si las oraciones son **ciertas** o **falsas**.

Lo mejor del mate es que es muy saludable y da energía y lo peor... bueno, lo peor del mate es que, cuando te acostumbras a él, ya no puedes vivir sin él. Lo que más me gusta del mate es que lo puedes tomar solo o lo puedes compartir con amigos. ¿Razones para tomarlo? Además de lo delicioso que es, hay que tener en cuenta que aporta vitaminas y antioxidantes. También, hay que decir lo fácil que es preparar una mateada para compartir con los amigos. Mi padre siempre decía que lo más importante del mate es que es un símbolo de amistad.

2 Acción de Gracias Ahora piensa en las tradiciones del día de Acción de Gracias. Escucha lo que una persona opina sobre esta fiesta y decide si estás de acuerdo o no con sus opiniones. Explica por qué.

1. En la celebración de Acción de Gracias lo más importante es que el pavo sea grande.
2. Lo más difícil de todo es cortar bien el pavo.
3. Lo más fácil es preparar el puré de papas.
4. Lo mejor del día es disfrutar la reunión y la cena con la familia.
5. Lo peor de todo es tener que lavar los platos después.
6. Lo malo del día siguiente es que hay que levantarse muy temprano para conseguir ofertas en las tiendas.

3 Tradiciones familiares Probablemente en tu familia hay alguna tradición relacionada con alguna comida o bebida. Elige una y luego contesta las preguntas que vas a escuchar.

1. ¿Qué es lo mejor de esa tradición familiar?
2. ¿Qué es lo peor?
3. ¿Qué es lo más importante?
4. ¿Qué simboliza para ti?

Vocabulario

Ahora escucharás el vocabulario que está al final de esta lección en tu libro de texto. Escucha con atención cada palabra o expresión y después repítela.

Lección 10

Contextos

1 Una pareja compatible Graciela y Paulino son personas creativas. Escucha las afirmaciones sobre ellos e indica si cada una es **cierta** o **falsa,** según la ilustración.

1. Paulino es escultor y Graciela es ensayista.
2. A Paulino le gusta escribir poemas en su computadora portátil.
3. A Graciela le molesta pintar cuando está con otras personas.
4. Graciela pinta con pinturas al óleo y un pincel.
5. Paulino nunca corrige lo que escribe.

2 Crítica La locutora de un programa de radio habla hoy de la última novela de un conocido escritor. Escucha su crítica literaria y después contesta las preguntas.

Como les comentábamos hace unos minutos, la última novela de Carlos García, el conocido y prolífico escritor latinoamericano, llega hoy a las principales librerías de nuestra ciudad. En esta novela, titulada *Una noche fría y oscura,* el escritor se sirve de un narrador que nos cuenta la historia en primera persona. Se piensa que esta novela tendrá tanto éxito que la casa editorial de García ya está negociando la preparación de un guión con un estudio cinematográfico para llevar esta obra a la pantalla grande. Con su estilo claro y directo, Carlos García demuestra una vez más su gran talento en esta historia que narra la vida de un individuo perdido en el día a día de su vida, un individuo con el que todos tenemos algo en común. A pesar de que algunos consideran que el estilo directo de García puede resultar de mal gusto, ésta es una novela que tiene que ser leída, no sólo una, sino dos o tres veces... Continuamos ahora con la lista de los libros mejor vendidos...

3 ¿Cuánto sabes? ¿Sabes mucho sobre arte? ¿Y sobre literatura? Para medir tus conocimientos, escucha las preguntas del narrador y elige la respuesta que te parezca más lógica y apropiada para cada pregunta.

1. Cuando se dice que un artista pinta una naturaleza muerta, ¿qué significa esto?
2. ¿Cuál es la función del argumento en una novela o un cuento?
3. ¿A qué nos referimos cuando hablamos de un autor o un artista contemporáneo?
4. ¿Qué es un autorretrato?
5. ¿Qué características son típicas de una novela rosa?

Estructura

10.1 The future perfect

1 La galería de arte Armando, el ayudante en una galería de arte, habla con Manuela, la directora. Él está explicándole los planes que ha preparado después de reunirse con los próximos tres artistas que exhibirán sus obras en la galería. Escucha las notas de Armando y después completa las oraciones según la información que escuches.

Mira, Manuela, te voy a comentar los resultados de mi reunión de hoy, 6 de septiembre, con los tres artistas. Para el martes ya habré enviado las invitaciones por correo electrónico. Ramón, el pintor surrealista, habrá terminado los dos últimos cuadros para el mes de octubre, así que todo estará listo para su exposición en noviembre. Lucía, la escultora, habrá completado su última escultura antes de la Navidad. Creo que habrá que esperar hasta diciembre para ver si realmente ha completado la escultura para entonces; pero, bueno, no creo que haya problemas con eso. Finalmente, Emilio, el pintor de retratos, piensa que habrá resuelto sus problemas personales para enero o febrero. Y para entonces ya habrá preparado los retratos para la exposición de primavera. Yo creo que esto no es problema para nosotros porque en esa exposición habrá también obras de varios artistas contemporáneos, así que si Emilio no está listo para presentar su trabajo, nosotros ya habremos conseguido otras obras para incluirlas en la exposición. En fin, aquí te dejo las notas para que las revises. Avísame si necesitas que te clarifique algo.

2 ¿Qué habrá pasado? Finalmente, la exposición que organizaban Manuela y Armando se canceló. Escucha lo que sucedió y haz suposiciones para explicar lo que habrá pasado en cada caso. ¡Sé creativo!

Modelo   *Tú escuchas:* Manuela cerró la
          galería de arte.
          Tú escribes: Probablemente habrá
          tenido problemas económicos.

1. Ramón no terminó los cuadros para octubre.
2. Lucía nunca completó su escultura.
3. Lucía dejó de esculpir y se fue a vivir a
   otro país.
4. Emilio no preparó los retratos para la
   exposición de primavera.
5. Armando no encontró nuevos pintores
   contemporáneos para su exposición.
6. Al año siguiente, Manuela abrió una librería
   pero no tuvo éxito.

3 Una escritora ocupada Escucha la
conversación telefónica entre la escritora Margarita
Silva y el jefe de redacción del periódico para el
que ella escribe. Después indica si las oraciones son
ciertas o **falsas**. Corrige las falsas.

MARGARITA ¿Aló?

JEFE Hola, Margarita. Disculpa que te moleste.
Habla Raúl. Te llamo para hacerte una preguntita.

MARGARITA Sí, Raúl, adelante. ¿Qué necesita?

JEFE ¿Para cuándo crees que puedes terminar tu
próxima columna semanal para el periódico?

MARGARITA La habré terminado para el jueves.
A propósito, ¿cree que el último artículo que escribí
les habrá interesado a los lectores?

JEFE ¡Pero si les gustó muchísimo! ¿Por qué
lo dices?

MARGARITA No sé, tal vez el artículo era
demasiado satírico, y pienso que a algunos lectores
les habrá molestado.

JEFE No te preocupes, Margarita... Los artículos
satíricos son necesarios. Oye, ¿cómo va tu novela?

MARGARITA Espero haberla terminado dentro de
seis meses. Cuando me vaya de viaje a Isla Negra,
ya la habré enviado a la editorial.

JEFE Seguro que tendrá mucho éxito.

MARGARITA ¡Ojalá que sí! Entonces habré hecho
un buen trabajo, y podré tomarme un descanso para
pensar en otro argumento para otra novela.

JEFE Bueno, muy bien, Margarita. Te dejo y
hablamos el jueves.

MARGARITA Hasta el jueves, Raúl.

10.2 The conditional perfect

1 La vida bohemia Arturo es un joven artista
polifacético: escribe, pinta, hace esculturas,
compone, ¡y hasta canta! Sin embargo, este último
año ha tenido muchos problemas profesionales.
Escucha lo que dice Arturo y ordena estas oraciones
cronológicamente.

La verdad es que estoy muy frustrado. ¡Todo podría
haber sido tan distinto! Este año he trabajado
muchísimo, pero he ganado muy poco dinero.
Primero, me prometieron exhibir mis cuadros en
una galería de arte y, después de haber preparado
todas las obras, la directora de la galería me dijo
que había cambiado de opinión. ¡Qué lástima!
¡Habría podido vender un montón de cuadros!
Después, me invitaron a dar un concierto en el
festival más importante de mi ciudad, y al día
siguiente me llamaron para decirme que el concierto
se había cancelado. ¡Increíble! ¡Habría podido
cantar para miles de personas! Meses más tarde, le
regalé una escultura a una amiga y ella se la vendió
a un coleccionista de arte por cien mil dólares y,
para colmo, ahora está enojada conmigo porque
dice que yo soy demasiado sensible. Si no le hubiera
regalado nada, ¡ella no se habría enojado conmigo!
Cuando luego decidí probar suerte con la escritura,
envié un cuento para publicarlo en un periódico y
no me contestaron, pero a la semana siguiente leí mi
cuento en ese mismo periódico: ¡lo habían publicado
con el nombre de un escritor famoso! ¿Puedes
creerlo? ¡Habría podido ganar tanto dinero! Por
último, mi mejor amigo me pidió que escribiera una
canción para una película que él estaba dirigiendo.
Yo la escribí, pero él se hizo famoso, y para colmo,
¡no quiso reconocer mis derechos de autor! ¡Mi
nombre podría haber aparecido en todos los medios
de comunicación! Con todo esto que me ha pasado,
¿crees que todavía debo seguir dedicándome al arte?

2 Todo podría haber sido distinto Ahora
vuelve a escuchar lo que dice Arturo y completa
estas oraciones escribiendo lo que podría haber
sucedido. Usa el condicional perfecto.

Lección 10 Audio Program Scripts | **39**

3 ¿Qué habrías hecho tú? Emilio te va a explicar lo que hizo en varias situaciones. Escúchalo y después indica qué habrías hecho tú en su lugar.

Modelo   *Tú escuchas:* Mis amigos me regalaron entradas para ver una obra de teatro, pero yo no las acepté.

Tú escribes: En su lugar, yo las habría aceptado.

1. Me invitaron a visitar la casa de Neruda en Isla Negra, Chile, pero no fui.
2. Me enviaron un póster de un cuadro de Frida Kahlo y lo guardé en un cajón.
3. Me regalaron el libro *20 poemas de amor y una canción desesperada* de Neruda, pero no lo leí.
4. El famoso chef nicaragüense Ariel Lacayo me envió su receta favorita, pero la perdí.
5. Mis amigos me llamaron para ir con ellos al cine a ver la película *Il postino,* pero llegué tarde.
6. Mi madre me regaló un disco de la cantante chilena Violeta Parra, pero no lo escuché.

10.3 The past perfect subjunctive

1 Críticas negativas Todo el mundo se queja de algo en una exposición de cuadros. Escucha los comentarios de algunas personas y escribe lo que no le gusta a cada una de ellas. Usa el pluscuamperfecto del subjuntivo.

Modelo   *Tú escuchas:* A Ramón no le gusta que haya asistido tanta gente a la exposición.

Tú escribes: A Ramón no le gustó que hubiera asistido tanta gente a la exposición.

1. A Emilio le molesta que haya habido tantos problemas con las bebidas.
2. Al señor y a la señora Ramírez no les parece bien que se haya dedicado tanto espacio a las esculturas.
3. A la recepcionista le molesta que no hayamos contratado a otro ayudante.
4. Los artistas tienen miedo de que sus obras no se hayan asegurado contra posibles robos.
5. Al representante del servicio de comida no le gusta que hayan llegado tantos invitados antes de la hora prevista.
6. El dibujante piensa que es una lástima que no se haya aprovechado mejor el espacio en la galería.

2 ¿Cómo fue la exposición? Piensa en la última vez que asististe a una exposición o imagina que has asistido a una. Escucha oraciones incompletas y, basándote en esa experiencia, complétalas de forma apropiada.

Modelo   *Tú escuchas:* Cuando llegué allí, me molestó que no...

Tú escribes: Cuando llegué allí, me molestó que no hubieran servido nada de comer. o
Cuando llegué allí, me molestó que no hubiera llegado nadie.

1. Lo que más me gustó de esa exposición fue que...
2. Lo que más me irritó ese día fue que...
3. Me sorprendió mucho que en la exposición...
4. Me alegró bastante saber que en esa misma galería...

Vocabulario

Ahora escucharás el vocabulario que está al final de esta lección en tu libro de texto. Escucha con atención cada palabra o expresión y después repítela.

Lección 1

(Full script of the Fotonovela video)

¡Bienvenida, Mariela!

Los empleados de Facetas hablan de cómo recibir a un cliente. Mariela, una nueva empleada, llega a la oficina.

JOHNNY *(al teléfono)* Revista *Facetas*, buenos días... Un momento... Es para Aguayo. De parte de una tal Mariela.

FABIOLA Está en el baño.

JOHNNY *(al teléfono)* En estos momentos está en el baño.

DIANA ¡No! Di que está reunido con un cliente.

JOHNNY *(al teléfono)* Disculpe, está en el baño reunido con un cliente.

JOHNNY *(al teléfono)* ¿Quiere dejar un mensaje?

En la oficina central...

JOHNNY Jefe, tiene un mensaje de Mariela Burgos.

AGUAYO Gracias... Es la nueva artista gráfica. Viene a reunirse con nosotros. *(Aguayo va a su oficina.)*

FABIOLA No creo que quepamos todos en el baño.

DIANA *(repartiendo libretas)* Éste es el manual de conducta profesional.

ÉRIC ¿Quién lo necesita?

FABIOLA Página tres: "Cómo recibir a un cliente."

ÉRIC *(se levanta)* ¿Quieren una demostración?... Johnny, tú eres el cliente.

JOHNNY ¿Qué tipo de cliente soy?

ÉRIC No importa.

DIANA Claro que importa. Así sabrás cómo recibirlo.

ÉRIC ¿Qué tipo de cliente quieres ser?

JOHNNY Quizás no soy un cliente. Podría ser un supermodelo o algo así.

FABIOLA Mejor un cliente.

ÉRIC Ya sé. Eres un millonario que viene a comprar la revista.

JOHNNY Perfecto. Buenas. Soy el magnate dominicano, Juan Medina.

ÉRIC *(le da un abrazo efusivo)* Bienvenido a *Facetas*, señor Medina. Bienvenido.

En la cocina...

AGUAYO Hay que ser cuidadoso al contestar el teléfono.

JOHNNY Querrás decir mentiroso.

DIANA Es una formalidad.

ÉRIC Odio ser formal.

FABIOLA Es lindo abrazar a la gente, Éric, pero esto es una oficina, no un partido de fútbol.

AGUAYO Así funciona el mundo. Es normal.

ÉRIC Si el mundo es normal, ¿cómo es que las salchichas vienen en paquetes de ocho y el pan en paquetes de diez?

En la oficina central...

MUCHACHO DE LA PIZZA Pizza.

JOHNNY ¿Alguien ordenó pizza?

MUCHACHO DE LA PIZZA ¿Éste es el 714 de la Avenida Juárez, oficina...?

MARIELA *(interrumpe)* ¿...uno, Revista *Facetas*?

JOHNNY Sí. Aquí es.

MARIELA Gracias... Soy Mariela. No sabía llegar, así que ordené una pizza y seguí al muchacho.

JOHNNY ¡Bienvenida!

MARIELA Gracias.

En la sala de reuniones...

AGUAYO Mariela, te quiero presentar al equipo de *Facetas*. Él es Éric, nuestro fotógrafo.

ÉRIC ¿Qué tal?

MARIELA Hola.

AGUAYO Ella es Fabiola. Se encarga de las secciones de viajes, economía, turismo y farándula.

FABIOLA Mucho gusto.

AGUAYO Él es Johnny. Escribe las secciones de arte, comida, bienestar y política.

JOHNNY Hola.

AGUAYO Y ella es Diana. Está a cargo de las ventas y el mercadeo.

DIANA Me han hablado tanto de ti, que estoy ansiosa por conocer tu propia versión.

MARIELA Tengo veintidós años, soy de Monterrey, estudio en la UNAM y vengo de una familia grande.

JOHNNY ¿Muy grande?

MARIELA En 50 años mis padres han criado a nueve hijos y a veinte nietos.

DIANA ¿Y cómo han permanecido juntos tanto tiempo?

MARIELA Se prometieron que el primero en abandonar al otro tendría que llevarse a los niños.

En la sala de reuniones...

ÉRIC Ésta es la mejor pizza de la Ciudad de México. La chica tiene buen gusto.

FABIOLA ¿Y qué te pareció?

ÉRIC Está buenísima.

FABIOLA ¿Eso es todo lo que tienes que decir?

ÉRIC ¿Qué más se puede decir de una pizza?

FABIOLA ¡Te estoy hablando de Mariela! ¿Qué te pareció Mariela?

ÉRIC Creo que es bella, talentosa e inteligente. Más allá de eso, no me impresiona para nada.

Fotonovela Video Script

Lección 2

*(Full script of the **Fotonovela** video)*

¡Tengo los boletos!

En la sala de reuniones, los empleados de Facetas *hablan de las diversiones. Johnny trata de ayudar a Éric. Mariela habla de sus planes.*

JOHNNY Es viernes. Tranquilas, chicas de México, Johnny está en la casa.

Éric está en la mesa de reuniones con cara triste.

JOHNNY ¿Y a ti? ¿Qué te pasa?

ÉRIC Estoy deprimido.

JOHNNY Anímate, es fin de semana.

ÉRIC A veces me siento solo e inútil.

JOHNNY ¿Solo? No, hombre, yo estoy aquí; pero inútil...

En la sala de reuniones...

JOHNNY Necesitas divertirte.

ÉRIC Lo que necesito es una chica.

JOHNNY Lo siento pero no estoy disponible.

ÉRIC No tienes idea de lo que es vivir solo.

JOHNNY No, pero me lo estoy imaginando. El problema de vivir solo es que siempre te toca lavar los platos.

ÉRIC Las chicas piensan que soy aburrido.

JOHNNY No seas pesimista.

ÉRIC ¡No! Soy un optimista con experiencia. Lo he intentado todo: el cine, la discoteca, el teatro... Nada funciona.

JOHNNY Tienes que contarles chistes. Si las haces reír, ¡boom! Se enamoran.

ÉRIC ¿De veras?

JOHNNY Seguro. ¿Te sabes el de la fiesta de puntos?

ÉRIC No.

JOHNNY Es un clásico... Hay una fiesta de puntos...

Johnny dibuja muchos puntos en la pizarra que está cerca de la mesa de reuniones.

JOHNNY *(continúa)* Todos están divirtiéndose y pasándola bien, y entonces entra un asterisco...

Johnny dibuja un asterisco.

JOHNNY *(continúa)* Y todos lo miran asombrados, y el asterisco les dice: ¿Qué? ¿Nunca han visto un punto despeinado?

En la oficina central...
Mariela entra con dos boletos en la mano y comienza a besarlos y a moverse loca de contenta mientras Aguayo y Fabiola la miran asombrados.

MARIELA Sí, sí. Me encanta, me encanta...

FABIOLA Te lo dije.

AGUAYO ¿Me dijiste qué?

FABIOLA Que no parecía muy normal.

MARIELA *(eufórica)* ¡Los conseguí! ¡Los conseguí!

FABIOLA ¿Conseguiste qué?

MARIELA Los últimos boletos para el concierto de rock de esta noche.

FABIOLA ¿Cómo se llama el grupo?

MARIELA Distorsión. Aquí tengo el disco compacto. ¿Lo quieren oír?

Al escuchar la pregunta, Aguayo y Fabiola salen fingiendo prisa, cada uno en una dirección diferente.

AGUAYO No tengo tiempo...

FABIOLA *(mirando el reloj)* Uy, ¡qué tarde es!

En la oficina central...

Éric se acerca discretamente al escritorio de Diana y le habla en voz baja para que los demás no lo oigan.

ÉRIC (*tímido*) Diana, ¿te puedo contar un chiste?

DIANA Estoy algo ocupada para chistes, Éric.

ÉRIC Es que se lo tengo que contar a una mujer.

DIANA Hay dos mujeres más en la oficina. ¿Conoces a Fabiola y a Mariela?

ÉRIC Temo que se rían cuando se lo cuente.

DIANA ¡Es un chiste!

ÉRIC Sí, pero temo que se rían de mí y no del chiste.

DIANA ¿Y qué te hace pensar que yo me voy a reír del chiste y no de ti?

ÉRIC No sé... tú eres una persona seria.

DIANA ¿Y por qué se lo tienes que contar a una mujer?

ÉRIC (*susurra*) Es un truco para conquistarlas.

Diana se ríe a toda boca.

En la sala de reuniones...

Diana y Fabiola se aprestan a salir de la oficina y se despiden.

DIANA Buen fin de semana.

FABIOLA Buen fin de semana a todos.

DIANA Adiós, Éric.

Diana continúa riéndose después de despedirse de Éric.

JOHNNY (*asombrado*) ¡Guau! Sí que eres bueno.

MARIELA Deséenme suerte.

AGUAYO ¿Suerte? ¿En qué?

MARIELA Esta noche le voy a quitar la camisa al guitarrista de Distorsión.

JOHNNY (*incrédulo*) No, no lo harás.

MARIELA Voy a intentarlo.

ÉRIC (*burlón*) Si crees que es tan fácil quitarle la camisa a un tipo, ¿por qué no practicas conmigo?

Mariela se vuelve y lo mira por un instante.

En la sala de reuniones...

Johnny está sentado en la mesa de reuniones, riéndose, a carcajadas, mientras Éric está parado con la camisa abierta y los botones regados por todas partes. Aguayo se está sirviendo café en la cocina.

JOHNNY (*lo imita burlón*) ¿Por qué no practicas conmigo?

ÉRIC (*desde el suelo*) Tiene suerte de que soy un caballero.

JOHNNY Ése es el tipo de mujer que necesitas...

ÉRIC Sí... (*mirando su camisa*) y una camisa nueva.

AGUAYO ¿Alguien quiere café?

Al escuchar esto, Johnny para de reír de momento.

JOHNNY ¿Lo hiciste tú o sólo lo estás sirviendo?

AGUAYO Sólo lo estoy sirviendo.

JOHNNY Yo quiero una taza.

ÉRIC (*desde el suelo*) Yo quiero una taza.

Lección 3

*(Full script of the **Fotonovela** video)*

¿Alguien desea ayudar?

En la oficina de Aguayo...

Diana y Fabiola conversan sobre la vida diaria. Aguayo pide ayuda con la limpieza, pero casi todos tienen excusas.

AGUAYO *(contento)* ¡Buenos días!

FABIOLA ¿Cómo rayos se puede estar tan feliz un lunes en la mañana?

AGUAYO Haz como yo... Piensa que sólo faltan cinco días para el fin de semana.

En la cocina...

FABIOLA Odio los lunes.

DIANA Cuando tengas tres hijos, un marido y una suegra, odiarás los fines de semana.

FABIOLA ¿Discutes a menudo con tu familia?

Se sientan a tomarse el café en la mesa de reuniones.

DIANA Siempre tenemos discusiones. La mitad de ellas las ganan mis hijos y mi esposo... Mi suegra gana la otra mitad.

FABIOLA ¿Y te ayudan en las tareas del hogar?

DIANA Ayudan, pero casi no hay tiempo para nada. Hoy tengo que ir de compras con la mayor de mis hijas.

FABIOLA ¿Y por qué no va ella sola?

DIANA Hay tres grupos que gastan el dinero ajeno, Fabiola: los políticos, los ladrones y los hijos... Los tres necesitan supervisión.

FABIOLA Tengan cuidado en las tiendas. Hace dos meses andaba de compras y me robaron la tarjeta de crédito.

DIANA ¿Y fuiste a la policía?

FABIOLA No.

DIANA ¿Lo dices así, tranquilamente? Te van a arruinar.

FABIOLA No creas. El que me la robó la usa menos que yo.

En la oficina de Aguayo...

Aguayo está arrodillado en el suelo tratando de hacer funcionar una aspiradora. Mariela entra con un disco de computadora en la mano.

MARIELA Aquí está el diseño que pidió.

AGUAYO Perfecto. ¿Podrías dejarlo sobre el escritorio?

MARIELA ¿Necesita ayuda?

AGUAYO No logro hacer que funcione.

MARIELA Creo que Diana tiene una pequeña caja de herramientas.

AGUAYO ¡Cierto!

Aguayo sale de la oficina en busca de la caja. Mariela le da una patada a la aspiradora.

En la oficina central...

Aguayo está en el escritorio de Diana sujetando un aceite lubricante y un rollo de cinta adhesiva.

AGUAYO ¡Aceite lubricante y cinta adhesiva! ¿Son todas las herramientas que tienes?

DIANA ¡Claro! Es todo lo que necesito. La cinta para lo que se mueva, y el aceite para lo que no se mueva.

Se escucha el ruido de la aspiradora encendida. Mariela sale de la oficina de Aguayo.

AGUAYO *(sorprendido)* Oye... ¿Cómo lo lograste?

MARIELA Fácil... Me acordé de mi ex.

En la cocina...

AGUAYO *(Aguayo reúne a todos.)* Muchachos, por favor... El señor de la limpieza dejó un recado diciendo que estaba enfermo. Voy a pasar la aspiradora a la hora del almuerzo. Si alguien desea ayudar...

FABIOLA Tengo una agenda muy llena para el almuerzo.

Fotonovela Video Script

DIANA Ay, yo tengo una reunión con un cliente.

ÉRIC Tengo que... Tengo que ir al banco. Sí. Voy a pedir un préstamo.

Éric sale rápidamente.

JOHNNY Yo tengo que ir al dentista. No voy desde la última vez... Necesito una limpieza.

Johnny enseña los dientes y sale de la oficina, dejando a Aguayo y Mariela solos.

Más tarde, en la cocina...

DIANA Les traje unos dulces para premiar su esfuerzo.

AGUAYO Gracias. Los probaría todos pero estoy a dieta.

DIANA (*comiéndose el dulce*) ¡Qué bien! Yo también estoy a dieta.

MARIELA ¡Pero si estás comiendo!

DIANA Sí, pero sin ganas.

En la oficina central...

Fabiola y Johnny llegan a la oficina. Mariela está terminando de pasarle aerosol de limpiar madera a su escritorio.

JOHNNY ¡Qué pena que no llegué a tiempo para ayudarte!

FABIOLA Lo mismo digo yo. Y eso que almorcé tan deprisa que no comí postre.

MARIELA (*sonríe hipócritamente*) Si gustan, quedan dos dulces de repostería en la cocina... Están riquísimos.

Johnny y Fabiola corren a la cocina. Mariela mira la botella de aerosol que tiene en la mano.

MARIELA (*continúa para ella*) Y no hubiera sido mala idea echarles un poco de esto.

Segundos después, Fabiola y Johnny aparecen, ella con un dulce grande y él con uno pequeño.

JOHNNY Qué descortés eres, Fabiola. Si yo hubiera llegado primero, te habría dejado el dulce grande a ti.

FABIOLA ¿De qué te quejas entonces? Tienes lo que quieres y yo también. Por cierto, ¿no estuviste en el dentista?

JOHNNY Los dulces son la mejor anestesia.

la cocina...

Aguayo y Mariela repasan la limpieza. Mariela va tachando los trabajos que se hicieron de una lista.

AGUAYO Se pasó la aspiradora.

MARIELA Correcto.

AGUAYO Se quitó el polvo de los muebles y se lavaron los platos de la cocina.

MARIELA Sí.

AGUAYO Parece que es todo... Muchas gracias por tu ayuda.

MARIELA De nada.

AGUAYO (*continúa*) Espera, olvidé algo. No tiré el polvo de la aspiradora.

MARIELA No se preocupe. Yo ya lo hice.

En la oficina central...

Éric trabaja en su escritorio. Ve algo sucio, levanta una revista y allí encuentra todo el polvo de la aspiradora.

Lección 4

*(Full script of the **Fotonovela** video)*

¿Dulces? No, gracias.

En la oficina central...

Johnny está solo en la oficina, sacando unos dulces de su escritorio y echándolos en una pequeña bolsa de basura. Saca dulces de muchas clases y los mira con pena, esforzándose para echarlos a la bolsa. En ese momento llega Diana a la oficina y lo encuentra debajo de su escritorio.

DIANA ¿Johnny? ¿Qué haces aquí tan temprano?

JOHNNY Madrugué para ir al gimnasio.

DIANA *(sorprendida)* ¿Estás enfermo?

JOHNNY ¿Qué?... ¿Nunca haces ejercicio?

DIANA Bueno, no mucho... A veces me dan ganas de hacer ejercicio, y entonces, me acuesto y descanso hasta que se me pasa.

En la cocina...

Johnny habla en tono triste con alguien que no vemos.

JOHNNY Los recordaré dondequiera que esté. Sé que esto es difícil, pero deben ser fuertes...

No pongan esa cara de "cómeme". Por mucho que insistan, los tendré que tirar. Ojalá me puedan olvidar.

Johnny está hablándoles a los dulces antes de tirarlos. En ese momento se acerca Fabiola. Johnny esconde la bolsa.

FABIOLA Entonces, ¿empezaste a ir al gimnasio? Te felicito. Para ponerse en forma hay que trabajar duro.

JOHNNY No es fácil.

FABIOLA No es difícil. Yo, por ejemplo, no hago ejercicio, pero trato de comer cosas sanas.

JOHNNY Nada de comidas rápidas.

FABIOLA Y, si puedo, nada de dulces ni golosinas.

JOHNNY No. Tampoco.

FABIOLA ¡Cómo me gustaría tener tu fuerza de voluntad!

Entonces Johnny, de espaldas al basurero, intenta botar la bolsa de dulces, pero se le cae al suelo.

FABIOLA ¿Qué fue eso?

JOHNNY *(disimulando y señalándose los bíceps)* Uy, perdón... Desde que voy al gimnasio no controlo mi fuerza.

En la sala de reuniones...

Aguayo, Diana y Éric revisan unos diseños de la revista en la mesa de reuniones. Mariela llega a la oficina.

DIANA Buenos días.

ÉRIC Buenos días.

Mariela sonríe sin decir nada.

AGUAYO Qué bueno que llegas. Quiero que hagas unos cambios a estos diseños.

DIANA Creemos que son buenos y originales pero tienen dos problemas.

ÉRIC Sí. Los que son buenos no son originales, y los que son originales no son buenos.

AGUAYO ¿Qué crees?

Mariela se ha quedado sin voz y no puede hablar.

MARIELA *(sin voz)* No tengo voz.

Todos la miran sin entender qué dice.

DIANA ¿Qué dijo?

Entonces Mariela escribe en la pizarra: "Perdí la voz".

AGUAYO ¿Perdiste la voz?

DIANA Gracias a Dios... Por un momento creí que me había quedado sorda.

AGUAYO Pero, estás enferma, deberías estar en casa.

ÉRIC Sí, podías haber llamado para decir que no venías.

En la cocina...

El señor de la limpieza, Don Miguel, entra en la cocina donde encuentra la bolsa de dulces de Johnny.

DON MIGUEL ¡Válgame! Aquí debe haber como mil pesos en dulces.
(Don Miguel prueba un caramelo.)

DON MIGUEL *(con la boca llena)* ¡Mmm! Y están buenos.

En ese momento llega Johnny con una bolsa del supermercado y se dirige a la cocina. Don Miguel se pone nervioso, no sabe qué hacer con los dulces y los mete dentro del microondas.

JOHNNY ¿Qué tal, don Miguel? ¿Cómo le va?

Don Miguel tiene el caramelo en la boca, sonríe sin decir nada y se retira a hacer sus labores.

JOHNNY (*para sí mismo*) Otro que se ha quedado sin voz. ¿Qué es esto? ¿Una epidemia?

Fabiola se acerca.

FABIOLA ¿Qué compraste?

Johnny saca una comida dietética de la bolsa.

JOHNNY Comida bien nutritiva y baja en calorías. Juré que jamás volvería a ver un dulce.

Johnny saca las cosas de la bolsa. Frutas, jugos, verduras y comida dietética.

FABIOLA ¿Qué es eso?

Johnny le muestra una cajita de comida dietética a Fabiola.

JOHNNY Esto es tan saludable que con sólo tocar la caja te sientes mejor.

FABIOLA ¿Y sabe bien?

JOHNNY Claro, sólo hay que calentarlo.

Johnny abre el microondas para calentar la comida dietética, ve la bolsa de dulces y cierra la puerta del horno rápidamente como si hubiera visto un fantasma.

JOHNNY Aunque algunas personas lo prefieren frío.

En la oficina de Aguayo...

Aguayo y Diana están en la oficina. Mariela entra y les entrega los nuevos diseños.

DIANA Están perfectos. Gracias.

AGUAYO Mariela, insisto en que veas a un doctor. Vete a casa y no vuelvas hasta que no estés mejor.

Mariela escribe en un papel: "Jefe, ya se me curará".

AGUAYO Te estoy dando un consejo. No pienses en mí como tu jefe.

DIANA Piensa en él como un amigo que siempre tiene razón.

AGUAYO (*a Diana*) Por cierto, Diana, acompáñame a entregar los diseños ahora mismo. Tengo que volver enseguida. Estoy esperando una llamada muy importante.

DIANA Vamos.

Diana y Aguayo se van. Mariela se queda y en ese momento suena el teléfono de Aguayo. Mariela se queda mirando el teléfono, horrorizada.

En la oficina central...

Johnny está en su escritorio comiendo una barra de chocolate felizmente.

FABIOLA ¿No ibas a mejorar tu alimentación?

JOHNNY Si no puedes hacerlo bien, disfruta haciéndolo mal. Soy feliz.

FABIOLA Los dulces no dan la felicidad, Johnny.

Johnny le da una barra de chocolate a Fabiola.

JOHNNY Lo dices porque no has probado la Chocobomba...

Fotonovela Video Script

Lección 5

(Full script of the Fotonovela video)

¡Buen viaje!

En la oficina central...

Diana les da unos boletos de avión y varios documentos a Fabiola y a Éric.

DIANA Aquí están los boletos para Venezuela, la guía de la selva Amazónica y los pasaportes... Después les doy la información del hotel.

ÉRIC Gracias.

FABIOLA Gracias.

Diana vuelve a su escritorio.

ÉRIC ¿Me dejas ver tu pasaporte?

FABIOLA No me gusta cómo estoy en la foto.

Fabiola le da el pasaporte a Éric sin muchas ganas.

FABIOLA Me hicieron esperar tanto que salí con cara de enojo.

ÉRIC No te preocupes... Ésa es la cara que vas a poner cuando estés en la selva.

En la oficina central...

Fabiola, Éric y Johnny conversan. Diana se acerca con un documento.

DIANA Es necesario que memoricen esto. Tenemos que salir por la puerta 12.

Fabiola y Éric repiten sin entusiasmo y Johnny repite también para molestar.

FABIOLA, ÉRIC Y JOHNNY Tenemos que salir por la puerta 12.

DIANA El autobús del hotel nos va a recoger a las 8:30.

FABIOLA, ÉRIC Y JOHNNY El autobús del hotel nos va a recoger a las 8:30.

DIANA Y... El último número que deben recordar es cuarenta y ocho dólares con cincuenta centavos.

FABIOLA, ÉRIC Y JOHNNY Cuarenta y ocho dólares con cincuenta centavos.

DIANA Listo.

JOHNNY Y ese último número, ¿para qué es?

DIANA Es lo que van a tener que pagar por llegar en taxi al hotel si olvidan los dos números primeros.

Éric entra a la oficina vestido como Indiana Jones.

ÉRIC Fuera cobardes, la aventura ha comenzado.

MARIELA ¿Quién crees que eres? ¿México Jones?

ÉRIC No. Soy Cocodrilo Éric, el fotógrafo más valiente de la selva. Listo para enfrentar el peligro.

FABIOLA ¿Qué peligro? Vamos a hacer un reportaje sobre ecoturismo... ¡Eco-tu-ris-mo!

ÉRIC (*burlón e intentando impresionar a Mariela*) Sí, pero en el Amazonas, Fabiola. ¡A-ma-zo-nas!

MARIELA (*sarcástica*) Es tan arriesgado que van a tener un guía turístico y el alojamiento más lujoso de la selva.

ÉRIC Mientras ella escribe su artículo en la seguridad del hotel yo voy a estar explorando y tomando fotos... Debo estar protegido.

FABIOLA Según parece, de lo único que debes estar protegido es de ti mismo. (*Mirando la ropa de Éric...*) Bueno, y de los vendedores de ropa.

En la oficina central...

Johnny come una barra de chocolate mientras habla con Éric y observa el machete de mentiras de Éric.

JOHNNY Se ve tan real.

ÉRIC ¡Vamos! Escóndete detrás del escritorio, yo hago como que estoy explorando.

Johnny se esconde debajo de su escritorio.

ÉRIC ¿Listo?

JOHNNY Espera.

ÉRIC ¡Rápido!

JOHNNY Listo.

Johnny sale de debajo de su escritorio con la cara pintada con rayas de chocolate y el chocolate en la mano como si fuera un puñal. Éric se muere de risa al ver la cara de Johnny llena de chocolate.

JOHNNY ¿Cuál es el chiste? Los soldados llevan rayas... Lo he visto en las películas.

ÉRIC Intentémoslo nuevamente.

JOHNNY Esta vez soy un puma que te ataca desde un árbol.

ÉRIC Mejor.

Fabiola y Mariela entran a la oficina y ven a Johnny colgando de la espalda de Éric, forcejeando con el machete, jugando como niños. Ellas se quedan mirándolos con cara de "no tienen remedio". Éric y Johnny se quedan mirándolas, avergonzados.

En la sala de reuniones...

Aguayo, Diana, Mariela y Johnny se despiden de Fabiola y Éric. Mientras hablan, Éric está terminando de guardar algunas cosas en su maleta.

AGUAYO Por la seguridad de todos creo que debes dejar tu machete, Éric.

ÉRIC ¿Por qué debo dejarlo? Es un machete de mentiras.

DIANA Sí. Pero te puede traer problemas reales.

Éric le entrega el machete de mentiras a Aguayo.

AGUAYO Todos en la selva te lo van a agradecer.

Éric no puede cerrar su maleta porque está muy llena.

ÉRIC ¿Alguien me puede ayudar a cerrar la maleta?

Johnny y Aguayo tratan de ayudarle pero no pueden cerrarla.

JOHNNY ¿Qué rayos hay acá dentro?

La maleta sólo cierra a medias.

AGUAYO Es necesario que dejes algunas cosas.

ÉRIC Imposible. Todo lo que llevo es de primerísima necesidad.

Johnny mete la mano en la maleta y saca un látigo como el de Indiana Jones.

JOHNNY ¿Cómo? ¿Esto?

Después de haber cubierto la maleta de Éric con varias vueltas de cinta adhesiva, Diana corta la cinta orgullosa de haber solucionado el problema.

DIANA Listo... ¡Buen viaje!

MARIELA Debe ser emocionante conocer nuevas culturas.

AGUAYO Espero que disfruten en Venezuela y que traigan el mejor reportaje que puedan.

JOHNNY Y es importante que no traten de mostrarse ingeniosos, ni cultos; sólo sean ustedes mismos.

DIANA Y no olviden sus pasaportes.

Éric pone cara de estar confuso.

DIANA ¿Qué pasa?

ÉRIC Ahora que me acuerdo... lo había puesto en la maleta.

DIANA Ay, ¡No!

Lección 6

(Full script of the Fotonovela video)

Cuidando a Bambi

En la oficina central...

Hay algarabía mientras Aguayo trata de matar una araña. Fabiola y Mariela están trepadas sobre sus escritorios, muertas del miedo.

MARIELA *(histérica)* ¡Ay! ¡Es una araña gigante!

FABIOLA No seas miedosa.

MARIELA ¿Qué haces allá arriba?

FABIOLA Estoy dejando espacio para que la atrapen.

Diana aparece con un pote de aerosol y se lo ofrece a Aguayo.

DIANA Si la rocías con esto, la matas bien muerta.

AGUAYO Pero esto es para matar moscas.

Diana mira la etiqueta del pote.

DIANA Ay..., las arañas no saben leer.

En la oficina central...

Mariela y Fabiola conversan en el escritorio de Fabiola.

FABIOLA *(sorprendida)* ¡Las arañas jamás se van a extinguir!

MARIELA Las que no se van a extinguir son las cucarachas. Sobreviven a la nieve, los terremotos y hasta los huracanes, y ni la radiación les hace daño.

FABIOLA ¡Vaya! Y..., ¿tú crees que sobrevivirían al café de Aguayo?

Aguayo sale de su oficina, y ellas se callan, sonriendo con complicidad. Aguayo tiene una taza de café en la mano, y hace un gesto de desagrado después de probarlo.

AGUAYO Mariela, ¿podrías hacer el favor de tomar mis mensajes? Voy a casa por mi pez. Diana se ofreció a cuidarlo durante mis vacaciones.

MARIELA ¡Cómo no jefe! ¿Ya están listos para partir?

AGUAYO Salimos mañana a primera hora y ya en la tarde estaremos en el campamento.

FABIOLA ¿Cómo pueden llamarle "vacaciones" a eso de dormir en el suelo y comer comida enlatada?

AGUAYO La idea es estar en contacto con la naturaleza, Fabiola. Explorar y disfrutar de la mayor reserva natural del país.

MARIELA Debe ser emocionante.

AGUAYO Lo es. Sólo tengo una duda.

MARIELA ¿Qué?

AGUAYO ¿Qué debo hacer si veo un animal en peligro de extinción comerse una planta en peligro de extinción?

Mariela se queda pensativa y Fabiola contesta despreocupada.

FABIOLA Tómale una foto.

En la sala de reuniones...

Éric está en la mesa de reuniones terminando de organizar unas fotos a color, tamaño 8 x 10, de distintas playas del Caribe. Johnny está sentado junto a él.

ÉRIC *(aliviado)* Por fin. Trescientas fotos de las mejores playas del Caribe, catalogadas en orden alfabético.

JOHNNY ¡Cómo extraño las playas del Caribe! Si guardas silencio, al atardecer, puedes escuchar cuando el sol toca el agua y hace pssssssssssssssssssss.

Aguayo llega a la oficina con una pequeña pecera y un colorido pez beta y se lo muestra a todos, orgulloso. Pone la pecera en la mesa de reuniones. Diana, Mariela y Fabiola se dirigen a la mesa a ver el pez.

AGUAYO Chicos, chicos... Les presento a Bambi.

Mariela mira a Fabiola.

MARIELA ¿Qué? No es Bambi un venadito?

AGUAYO *(inocente)* ¿Lo es?

JOHNNY ¿No podías ponerle un nombre más original?

FABIOLA Sí, como Flipper.

Aguayo les da un frasco de comida para peces.

AGUAYO Ésta es su comida. Sólo una vez al día. No le des más aunque ponga cara de perrito... Bueno, debo irme.

Aguayo se presta a salir de la oficina y Mariela le habla.

MARIELA ¿Cómo sabremos si pone cara de perrito?

AGUAYO En vez de hacer así (*Aguayo succiona los cachetes y mueve los labios como un pez.*)... hace así (*Aguayo hace pucheros como los bebés y entonces se marcha*).

En la sala de reuniones...

Éric y Johnny se prestan a salir. Fabiola, Diana y Mariela están mirando al pez.

JOHNNY Última llamada.

FABIOLA Nos quedaremos cuidando a Bambi.

ÉRIC (*burlón*) Me encanta el pececito pero me voy a almorzar. Buen provecho.

Los chicos se marchan y las chicas se quedan mirando al pez.

DIANA ¡Ay! No sé ustedes, pero yo lo veo muy triste.

FABIOLA Claro. Su padre lo abandonó para irse a dormir con las hormigas.

MARIELA ¿Por qué no le damos de comer?

DIANA ¡Ya le he dado tres veces!

Las tres se quedan mirando al pez, tristes y pensativas.

MARIELA Ya sé. Podríamos darle el postre.

En la sala de reuniones...

Diana y Mariela están sentadas, mirando al pez.

MARIELA (*frustrada*) Parece que no le gustó el postre.

DIANA No lo culpo.

Fabiola se acerca con una bolsa de galletas de animales.

FABIOLA Miren lo que encontré en el escritorio de Johnny.

MARIELA ¡Galletitas de animales!

Mariela le quita la bolsa de galletas a Fabiola, riega las galletas sobre la mesa y busca una en particular.

DIANA ¿Qué haces?

MARIELA Hay que encontrar la ballenita.

FABIOLA Pero, ¿qué importa? Todas saben igual.

MARIELA Es un pez y está solo. Supongo que querrá compañía.

DIANA Pero no podemos darle galletas.

FABIOLA ¡Y qué vamos a hacer! Todavía se ve tan triste.

MARIELA ¡Ya sé! Tenemos que hacerlo sentir como si estuviera en su casa.

Mariela escoge una de las fotos que Éric había dejado sobre la mesa de reuniones.

MARIELA ¿Qué tal ésta con el mar?

DIANA Perfecta.

En la sala de reuniones...

Han pegado la foto en la parte trasera de la pecera para que le sirviera como fondo visual al pez.

DIANA Se ve tan feliz.

FABIOLA Míralo.

En ese momento llegan los chicos con unos vasos de refresco y ven a Mariela, Diana y Fabiola pendientes del pez. Éric se pone un poco celoso al ver a Mariela, que no le hace caso.

ÉRIC ¡Bambi! Maldito pez. En una playa tropical con tres mujeres.

Lección 7

(Full script of the Fotonovela video)

El poder de la tecnología

En la oficina central…

Suena el timbre del ascensor y se abre la puerta. Aparecen dos hombres uniformados, de los que hacen mudanzas, con una caja enorme.

JOHNNY ¡La pantalla!

HOMBRE 1 ¿Revista *Facetas*?

JOHNNY ¿Sí?

HOMBRE 1 Hola. Aquí está la pantalla líquida que pidieron. *(de memoria)* Pues, tiene imagen digital, sonido de alta definición, control remoto universal y capacidad para conexión de satélite e Internet desde el momento de la instalación.

JOHNNY *(entrecortado por la emoción)* ¿Y está en esa caja... tan grandota?

Johnny se queda embelesado mirando la caja.

HOMBRE 2 Sí.

Hombre 1 le da un bolígrafo a Johnny para que firme la entrega en la tabla de sujetar papeles.

HOMBRE 1 Si es tan amable, me da su firmita en la parte de abajo, por favor...

Johnny agarra el bolígrafo y se desmaya.

Hombre 1 lo mira boquiabierto.

En la oficina central…

Johnny continúa desmayado en el suelo mientras Diana y Aguayo tratan de tomarle el pulso. Mariela, Fabiola y los dos hombres están de pie observando la situación.

HOMBRE 2 *(preocupado)* ¿Por qué no piden una ambulancia?

MARIELA No se preocupe. Fue sólo una pequeñísima sobredosis de euforia.

HOMBRE 1 ¡Esto es tan emocionante! Usualmente nos dan galletitas y una vez un hombre me dio un abrazo, pero nunca se había desmayado nadie.

FABIOLA No conocían a Johnny.

HOMBRE 2 Eso es lo que yo llamo "el poder de la tecnología".

Éric llega corriendo con un pote de sal y se lo da a Aguayo.

ÉRIC Jefe, pruebe con esto a ver si despierta.

AGUAYO *(nervioso)* ¿Qué se supone que haga?

ÉRIC Ábralo y páseselo por la nariz.

Aguayo abre el pote de sal y se lo pasa por la nariz a Johnny tratando de despertarlo, sin éxito.

AGUAYO Esto no funciona.

Diana deja la revista y le quita el pote de sal a Aguayo.

DIANA Ay, yo conozco un remedio infalible.

Diana le pone sal en la boca a Johnny.

ÉRIC *(sobresaltado)* ¡¿Qué haces?!

Johnny comienza a saborear la sal haciendo muecas todavía medio dormido. Aguayo y Éric se miran pasmados.

DIANA ¡Ya ven!

En la sala de reuniones…

Todos están ansiosos por ver la pantalla. Johnny ya está recuperado.

JOHNNY ¿Sabían que en el transbordador espacial de la NASA tienen este tipo de pantallas?

MARIELA Espero que a ningún astronauta le dé por desmayarse.

AGUAYO Ahora la pregunta del millón: ¿Dónde vamos a instalarla?

DIANA *(señala)* En esta pared, pero hay que buscar quien lo haga, porque nosotros no tenemos las herramientas.

JOHNNY ¿Qué? ¿No tienes una caja?

ÉRIC *(sarcástico)* A menos que quieras pegar la pantalla con cinta adhesiva y luego ponerle aceite lubricante, no.

FABIOLA Hay una construcción allá abajo.

Fotonovela Video Script

En la oficina central...

Suena el timbre del ascensor y se abre la puerta. Johnny y Fabiola entran vestidos con equipo de construcción. Johnny tiene unas gafas de protección, un casco, unos guantes y un taladro. Fabiola tiene puesto un casco, un chaleco fluorescente y lleva un banderín anaranjado. Éric y Diana los miran sin saber qué decir y se van a sus escritorios. Entonces Johnny prende y apaga el taladro a la vez que hace un gesto de aprobación con las cejas, mientras Fabiola sonríe ondeando el banderín.

En la sala de reuniones...

Johnny se presta para taladrar, tomando medidas en la pared cerca de la mesa de reuniones. Fabiola le está ayudando.

AGUAYO (*preocupado*) Johnny, ¿estás seguro de que sabes lo que haces?

JOHNNY Tranquilo, jefe, no es tan difícil.

FABIOLA Es sólo un agujerito en la pared.

Suena el teléfono y Mariela lo contesta.

MARIELA Revista *Facetas*, buenas tardes.

Johnny espera antes de continuar taladrando. Mariela pone el teléfono en espera.

MARIELA (*continúa*) Jefe, tiene una llamada de su esposa en la línea tres.

AGUAYO Pregúntale dónde está y dile que la llamo luego...

MARIELA Un segundito...

AGUAYO (*mira a Johnny*) Estaré en mi oficina. No quiero ver este desorden.

Aguayo se marcha y Johnny, con la cabeza, le hace una señal de "listo" a Fabiola. Ésta sube el banderín y Johnny comienza a taladrar cerrando los ojos. En ese momento se escucha un cortocircuito y se va la luz dejándolos a oscuras.

FABIOLA (*Se detiene el taladro.*) ¡Johnny!

JOHNNY ¿Qué pasó?

En la oficina central, a oscuras...

FABIOLA ¡Johnny! ¡Johnny!

JOHNNY Está bien. Está bien. Ahí viene el jefe.

Está todo a oscuras en la oficina. Molesto, Aguayo imita a Johnny y a Fabiola.

AGUAYO (*burlón*) No es tan difícil. Es sólo un agujerito en la pared... ¡No funciona ni el teléfono!

Johnny saca su celular del bolsillo.

JOHNNY (*avergonzado*) Si quiere, puede usar mi celular.

Aguayo toma el celular de Johnny, suelta un gruñido y se va.

FABIOLA ¡Te lo dije!

En la sala de reuniones, a oscuras...

Todos están en silencio sentados a la mesa de reuniones alumbrándose con unas velas.

AGUAYO Rodeados de la mejor tecnología para terminar alumbrados por unas velas.

DIANA (*reflexiona*) Nada ha cambiado desde los inicios de la humanidad.

Todos se quedan en silencio nuevamente.

MARIELA Hablando de cosas profundas... ¿Alguna vez se han preguntado, adónde se va la luz cuando se va?

TODOS Ay.

Fotonovela Video Script

Lección 8

(Full script of the Fotonovela video)

Necesito un aumento

En la sala de conferencias...

Hay un pastel con dos velas sobre la mesa de reuniones. Están celebrando el segundo aniversario de la revista y terminan de cantar "Las mañanitas".

TODOS ...hoy por ser tu cumpleaños te las cantamos así...

AGUAYO Antes de apagar las velas de nuestro segundo aniversario quiero que cada uno cierre los ojos y luego pida un deseo.

Todos cierran los ojos y Johnny aprovecha para meter el dedo en el pastel. Al saborearlo cierra los ojos y suelta un gemido de placer. Los demás abren los ojos y lo ven chupándose el dedo, entonces Johnny abre los ojos y ve que lo están mirando.

JOHNNY ¡Umm!... ¡Lo estoy pensando!

TODOS Uno, dos, tres... *(Apagan las velas.)*

Están en la mesa de reuniones comiendo pastel y recordando.

DIANA Ahh... ¿Quién lo diría? Dos años y tantos recuerdos.

AGUAYO *(a Fabiola)* ¿Recuerdas cuando viniste a tu entrevista de trabajo y Éric pensó que tu padre era millonario?

FABIOLA Sí, recuerdo que puso esa cara.

Fabiola se burla poniendo una ridícula mirada cautivadora.

En la oficina central, en tiempo pasado...

Aguayo, Éric y Fabiola en la oficina en tiempo pasado. Éric está en su escritorio y Aguayo le presenta a Fabiola.

AGUAYO Éric, te presento a Fabiola Ledesma nuestra nueva escritora.

FABIOLA ¿Cómo estás?

Éric le da una mirada cautivadora a Fabiola.

ÉRIC Bien, gracias. ¿No eres tú la hija del banquero y empresario millonario Ledesma?

FABIOLA No. Mi padre es ingeniero y no es millonario.

Éric quita rápidamente la mirada cautivadora y sonríe.

ÉRIC Ah, perdona, por un momento pensé que me había enamorado de ti.

En la sala de reuniones, de vuelta al presente...

Todos continúan en la mesa de reuniones. Aguayo hace un brindis. Todos levantan los vasos de refresco.

AGUAYO Brindo por nuestra revista, por nuestro éxito y, en conclusión, brindo por quienes trabajan duro... ¡Salud!

Chocan los vasos y dicen salud.

TODOS ¡Salud!

DIANA Ay, eso me recuerda el primer día que Johnny trabajó en la oficina.

En la oficina central, en tiempo pasado... Johnny llega tranquilamente a la oficina y Diana lo recibe, molesta.

DIANA Johnny, has llegado tarde.

JOHNNY *(inocente)* ¿Me perdí algo divertido?

DIANA Se supone que estuvieras aquí hace media hora y, sin embargo, llegas tarde. Los empleados en esta empresa entran a las nueve de la mañana y trabajan duro todo el día. Sabes lo que es el trabajo duro, ¿verdad?

JOHNNY Claro que sé lo que es el trabajo duro, lo he visto.

DIANA Pues, no lo olvides. Es algo que debes recordar siempre. Aquí se entra a las nueve.

JOHNNY No hay problema, señora González. En mi trabajo anterior entraba a las cuatro de la mañana y jamás llegué tarde.

DIANA ¿A las cuatro de la mañana?

JOHNNY Sí.

DIANA (*reflexiona*) A esa hora nunca se sabe si llegas demasiado tarde o demasiado temprano.

En la sala de reuniones, de vuelta al presente...

Todos continúan en la mesa de reuniones. Aguayo recoge su plato y su vaso, y se pone de pie.

AGUAYO Bueno, felicidades a todos. Ahora de vuelta al trabajo.

Aguayo se marcha y Johnny estira su mano hacía Mariela sonriente.

JOHNNY Dame lo mío.

Mariela saca un billete y se lo pone en la mano a Johnny mientras Éric, Diana y Fabiola los miran sin entender.

MARIELA Aposté que nos darían la tarde libre.

Mariela y Johnny se marchan con sus platos. Diana les habla en voz baja a Fabiola y a Éric.

DIANA Chicos, he estado pensando en hacerle un regalo de aniversario a Aguayo.

FABIOLA Siento no poder ayudarte, Diana, pero estoy en crisis económica.

Diana mira a Éric y éste le contesta rápidamente.

ÉRIC Es contagiosa.

DIANA Por lo menos ayúdenme a escoger el regalo.

FABIOLA Debe ser algo importado. Algo pequeño, fino y divertido.

ÉRIC ¿Algo pequeño, fino y divertido? ¿Qué tal un pececito de colores?

Ambas lo miran con cara de asombro. Después los tres ponen cara de pena y hablan al mismo tiempo.

ÉRIC, DIANA y FABIOLA ¡Pobre Bambi!

Fabiola sigue hablando con Éric.

FABIOLA Me refiero a algo de corte ejecutivo. Algo exclusivo.

DIANA Lo último que le regalé a un hombre fueron unos calzoncillos de dinosaurios.

Éric y Fabiola la miran con cara de "¿qué?"

DIANA (*continúa*) Era mi hijo.

Los tres se quedan pensando y en ese momento Mariela pasa por su lado.

ÉRIC Mariela, ¿qué le darías a un hombre que lo tiene todo?

MARIELA Mi número de teléfono.

En la oficina de Aguayo...

Aguayo está en su escritorio y Fabiola se acerca a la puerta.

FABIOLA Jefe, ¿tiene un minuto?

AGUAYO ¿Sí?

FABIOLA Usted sabe que tengo un gran currículum y que soy muy productiva en lo mío.

AGUAYO ¿Sí?

FABIOLA Y que mis artículos son bien acogidos, y ello le ha traído a la revista...

Aguayo la interrumpe.

AGUAYO ¿Qué es lo que quieres, Fabiola?

FABIOLA (*contesta rápidamente*) Un aumento de sueldo.

AGUAYO ¿Qué pasa contigo? Te aumenté el sueldo hace seis meses.

FABIOLA Lo sé, pero en este momento hay tres compañías que andan detrás de mí. Por lo tanto, merezco otro aumento.

AGUAYO ¿Se puede saber qué empresas son?

FABIOLA (*avergonzada*) La del teléfono, la del agua y la de la luz.

En la oficina central...

Éric y Fabiola están en sus escritorios. Diana se acerca entusiasmada con un llavero enorme y feo en la mano.

DIANA (*eufórica*) Ya sé qué regalarle a Aguayo...

ÉRIC ¿Qué?

DIANA Un llavero.

Éric y Fabiola se quedan sin decir nada.

DIANA ¿Qué?

FABIOLA No lo culpo si lo cambia por un pez.

Lección 9

(Full script of the Fotonovela video)

¡O estás con ella o estás conmigo!

En la oficina central…

Fabiola llega a la oficina callada y seria. Aguayo y Johnny la interrogan rápidamente.

JOHNNY ¿Qué tal te fue?

FABIOLA *(sosa)* Bien.

AGUAYO ¿Bien? ¿Es todo lo que tienes que decir de una entrevista con Patricia Montero, la gran actriz de telenovelas?

FABIOLA ¿Qué quieren que les diga? ¿Que le pedí un autógrafo?

JOHNNY *(ilusionado)* ¿Se lo pediste?

FABIOLA Claro que no.

AGUAYO No sé. Pensé que estarías más emocionada.

FABIOLA *(se hace la indiferente)* Lo estoy. Tengo que hacer mi gran escena en una telenovela y necesito concentrarme.

AGUAYO y JOHNNY Oh. ¡Ajá!

Luego de un segundo, Aguayo y Johnny reaccionan sorprendidos a lo que Fabiola acaba de decir.

AGUAYO y JOHNNY ¿Qué?

En la oficina central…

Fabiola cuenta lo que pasó. Éric, Mariela, Aguayo y Johnny están atentos y emocionados.

FABIOLA Y al terminar la entrevista, cuando salí del camerino un señor se me acercó y me preguntó si yo era la doble de Patricia Montero.

MARIELA ¿Y qué le dijiste?

FABIOLA Dije, bueno… Sí.

AGUAYO ¡No puedo creer que hayas hecho eso!

FABIOLA No tuve opción. Fue una de esas situaciones en las que uno, aunque realmente no quiera, tiene que mentir.

ÉRIC ¿Y qué pasó después?

Fabiola saca unas páginas de su bolso.

FABIOLA Me dio estos papeles.

Johnny le quita las páginas a Fabiola y las revisa.

JOHNNY *(emocionado)* ¡Es el guión de la telenovela!

Johnny lee el guión mientras los demás hablan.

FABIOLA Mañana tengo que estar muy temprano en el canal, lista para grabar.

JOHNNY ¡Aquí hay escenas bien interesantes!

Aguayo le quita el guión a Johnny.

AGUAYO *(lee en voz alta)* "Valeria entra a la habitación y sorprende a Fernando en brazos de…" *(sorprendido)* ¿Carla?

Aguayo para de leer, enfurecido.

AGUAYO *(continúa)* ¿Sorprende a Fernando en brazos de Carla?… ¡Lo sabía! Sabía que el muy idiota la engañaría con esa estúpida. Ni siquiera es lo suficientemente hombre para…

Todos miran a Aguayo sorprendidos y al darse cuenta de que está haciendo el ridículo sonríe y se calma avergonzado.

En la oficina de Aguayo…

Aguayo está en su oficina. Fabiola entra con unos papeles.

FABIOLA Jefe, aquí está el artículo y la entrevista para su aprobación.

AGUAYO Gracias, Fabiola… Me alegro que hayas conseguido ese papel en la telenovela. El otro día pasé frente al televisor y vi un pedacito, sólo treinta segundos. Mi esposa no se la pierde.

FABIOLA Hablando de eso, quería pedirle permiso para tomarme el resto del día libre. Necesito ensayar las escenas de mañana.

AGUAYO Las puedes practicar en la oficina.

FABIOLA ¿De veras?

AGUAYO Claro. A los chicos les encanta ese asunto de las telenovelas.

FABIOLA *(mordaz)* ¿A los chicos?

En la oficina central...

Fabiola reparte copias del guión a Éric, Johnny y Mariela. Éric tiene colgando del cuello el pequeño cristal redondo que usan los fotógrafos para mirar el sol.

FABIOLA Éric será el director.

JOHNNY ¿Por qué no puedo ser yo el director?

ÉRIC (*se jacta enseñándole el cristal*) No tienes los juguetitos.

FABIOLA (*a Johnny*) Tú serás Fernando y Mariela será Carla.

JOHNNY (*a Éric, burlón*) ¿Decías?

ÉRIC Bien. Comencemos. Página tres. La escena en donde Valeria sorprende a Fernando con Carla.

Éric acomoda a Johnny y a Mariela mirándose de frente.

ÉRIC (*continúa*) Tú estarás aquí y tú aquí.

JOHNNY ¿Que? ¿No sabes leer? (*lee*) "Sorprende a Fernando en los *brazos* de Carla."

Johnny abraza a Mariela y ésta bromea haciendo como si estuviera cautivada por él. Éric se pone un poco celoso, pero disimula.

ÉRIC Está bien. Fabiola, tú llegarás por aquí y los sorprenderás. ¿Listos? ¡Acción!

En un segundo plano, Aguayo finge que no le importa, pero se acerca para seguir la trama con cara de sufrimiento.

ÉRIC (*continúa*) Acción.

FABIOLA (*entra en personaje*) "¡Fernando Javier! Tendrás que decidir. ¡O estás con ella o estás conmigo!"

JOHNNY "¡Valeria!.."

En ese momento Diana llega a la oficina con unos paquetes y se queda en la puerta viendo lo que sucede. Johnny se despega de Mariela y se dirige a Fabiola hasta quedar en medio de ambas.

JOHNNY (*continúa*) "Ni la amo a ella, ni te amo a ti. Las amo a las dos."

Diana se queda boquiabierta al escuchar a Johnny y se le caen los paquetes.

En la oficina central...

Los chicos le explican a Diana lo que sucede.

FABIOLA Y por eso estamos ensayando mis escenas.

DIANA (*aliviada*) Gracias a Dios... Pero yo creo que ustedes están confundidos. Los dobles no tienen líneas. Sólo hacen las escenas en donde la estrella está en peligro.

MARIELA (*revisa el guión*) Cierto. Página seis: "Valeria salta por la ventana".

En la oficina central...

Fabiola está parada sobre uno de los escritorios, lista para saltar.

ÉRIC ¡Acción!

FABIOLA (*trágica*) "Sé que decidieron casarse. Espero que se hayan divertido a mis espaldas. Adiós mundo cruel." (*grita pero no salta*) Aaahhhggg.

Fabiola mira a Éric sonriendo y buscando aprobación.

ÉRIC Muy bien. Ahora, ¡salta!

FABIOLA (*negativa*) Ni loca. Primero, mi maquillaje.

En la oficina central...

Fabiola entra a la oficina equipada con un casco de ciclista, unas coderas y unas rodilleras. Todos la miran sorprendidos.

FABIOLA (*feliz*) Lista.

Todos se ríen.

Lección 10

(Full script of the Fotonovela video)

Unas pinturas... radicales

En la oficina central...

Johnny llega a la oficina con un bolso. Saca tres pinturas abstractas sin marco de dentro del bolso y las coloca en un caballete. Mariela y Éric ven las pinturas. Mariela hace una mueca de repugnancia sin que Johnny se dé cuenta.

MARIELA ¡Uhhgg!

Éric también hace una mueca de repugnancia.

ÉRIC ¡Iahhgg!

Johnny, exaltado, se acerca a Mariela y Éric.

JOHNNY Chicos, ésas son las pinturas de las que les hablé. Las conseguí muy baratas. Voy a escribir un artículo sobre ellas. ¿Les dicen algo?

MARIELA Sí, me dicen iahhgg.

Johnny se queda mirándolos sin comprender.

En la oficina central...

Johnny, Éric y Mariela están frente a los cuadros, discutiendo.

JOHNNY ¿Cómo que son feas? Es arte. No pueden criticarlo así.

MARIELA Es lo que la gente hace con el arte. Sea modernismo, surrealismo o cubismo, si es feo, es feo.

JOHNNY Les mostraré cómo se critica una obra de arte correctamente. Hagamos como si estuviésemos observando las pinturas en una galería. ¿Quieren?

ÉRIC Bien.

Éric se pone a observar las pinturas mientras coloca su mano como si estuviera sujetando un vaso.

MARIELA ¿Qué haces?

ÉRIC Es mi vaso. En las galerías suele haber bebidas para el público.

MARIELA Oh.

Mariela hace lo mismo con su mano.

JOHNNY *(sofisticado)* Me imagino que habrán visto toda la exposición. ¿Qué les parece?

ÉRIC *(ordinario)* Habría preferido ir al cine. Estas pinturas son una porquería.

JOHNNY *(alarmado)* No puedes decir eso en una exposición. Si las obras no te gustan, puedes decir algo más artístico, como que son primitivas o son radicales.

MARIELA Si hubiera pensado que son primitivas o que son radicales lo habría dicho. Pero son horribles.

JOHNNY *(paternalista)* Mariela, "horrible" ya no se usa.

En ese momento Diana se acerca y, al ver las pinturas se detiene y las mira con una mueca de repugnancia.

DIANA Ay, esas pinturas son...

Mariela, Éric y Johnny miran a Diana con mucha expectación.

DIANA *(continúa)* ...¡horribles!

En la oficina central...

Fabiola llega a la oficina y al ver las pinturas se maravilla con una de ellas.

FABIOLA ¡Qué hermoso! *(cautivada)* Es... Es como el verso de un poema.

Éric, Mariela y Diana no lo pueden creer. Johnny los mira y sonríe triunfador.

FABIOLA *(continúa)* Habré visto arte antes pero esto es especial. ¿Está a la venta?

JOHNNY No sé. Sólo las tengo para...

MARIELA *(lo interrumpe)* ¡Claro! Johnny te puede conseguir un buen precio. Pero tienes que comprar ya. Se están vendiendo como pan caliente.

FABIOLA Hay un detalle. No tiene amarillo y yo tengo un mueble amarillo en la sala. ¿Podrías hablar con el artista para que le cambie algunos colores?

JOHNNY Imposible. Eso es una falta de respeto al artista.

FABIOLA Son sólo pinceladas.

JOHNNY No se puede hacer una cosa así...

Fotonovela Video Script

Mariela interrumpe a Johnny con un pellizco.

JOHNNY (*continúa*) Está bien. Voy a hablar con el artista para que le haga los cambios.

FABIOLA Gracias. Pero recuerda, es ésta. Las otras dos son algo...

MARIELA ¿Radicales?

ÉRIC ¿Primitivas?

FABIOLA No, horribles.

En la cocina...

Johnny le pide explicaciones a Mariela en privado.

JOHNNY El artista jamás cambiará los colores. ¿Por qué me hiciste decirle que sí?

MARIELA No hubieras vendido ni una sola pieza.

JOHNNY No quiero venderlas, tengo que escribir sobre ellas.

MARIELA No está de más. Podrías llegar a ser un gran vendedor de arte.

JOHNNY ¿De veras?

En la oficina central...

Johnny se imagina que está detrás de un podio dirigiendo una subasta de arte en la oficina. El personal de la oficina y varias personas más están sentados frente a él, todos vestidos de gala. Al lado del podio hay un cuadro en un caballete, cubierto por una tela.

JOHNNY Nadie hubiera imaginado un final mejor para esta subasta. Les presento una obra maestra: la *Mona Lisa.*

Mariela es la modelo que quita la tela del cuadro. Aplauden.

AGUAYO Quinientos millones de pesos.

JOHNNY ¿Quién da más por esta pintura, símbolo del arte universal? ¿Quién da más?

FABIOLA Mil millones de pesos.

JOHNNY ¿Habrá alguien que ofrezca más? Mil millones de pesos a la una, mil millones de pesos a las dos... Se lo lleva la señorita por mil millones de pesos. Felicidades.

Todos aplauden. Fabiola se pone de pie y hace reverencias. Fabiola le pregunta algo a Johnny.

FABIOLA ¿Podría hablar con el artista para que le acentúe un poco la sonrisa?

En la oficina central...

Fabiola le da un cheque a Johnny y éste le entrega la obra.

JOHNNY Me alegra que hayas decidido no cambiar la obra.

FABIOLA Hubiera sido una falta de respeto.

JOHNNY Claro. Bueno, que la disfrutes.

Éric y Mariela están hablando.

ÉRIC Perdiste la apuesta. Págame.

MARIELA (*poniendo dinero en la mano de Éric*) Todavía no puedo creer que haya comprado esa pintura...

ÉRIC (*mirando de reojo a Mariela*) Oye, si lo prefieres, en vez de pagar la apuesta, puedes invitarme a cenar.

MARIELA (*sonriendo*) Ni que me hubiera vuelto loca.

En la oficina central...

Aguayo entra y ve las tres pinturas y habla con Johnny mientras los demás observan.

AGUAYO ¿Son las obras para tu artículo?

JOHNNY Sí. ¿Qué le parecen, jefe?

AGUAYO (*mira los originales*) Diría que estas dos son... primitivas.

(*mira la de Fabiola con una mueca de disgusto*) Pero la del medio definitivamente es... horrible.

Lección 1

(The following is an English translation of the Fotonovela conversation as it appears in the textbook.)

¡Bienvenida, Mariela!

① **JOHNNY** *(on the phone) Facetas* Magazine, good morning... *(to Diana)* It's for Aguayo.

FABIOLA He's in the bathroom.

JOHNNY *(on the phone)* At the moment, he's in the bathroom.

DIANA No! Say that he's with a client.

JOHNNY Excuse me, he's in the bathroom meeting with a client.

② **JOHNNY** Boss, you have a message from Mariela Burgos.

AGUAYO Thank you... She's the new graphic designer. She is coming to meet with us.

Aguayo goes to his office.

FABIOLA I don't think we'll all fit in the bathroom.

③ **DIANA** *(passing out booklets)* This is the professional etiquette manual.

FABIOLA Page three: "How to greet a client."

ÉRIC *(standing up)* Do you want a demonstration? Johnny, you're the client.

JOHNNY Maybe I'm not a client. I could be a supermodel or something.

FABIOLA Better a client.

④ **ÉRIC** I know. You are a millionaire who's coming to buy the magazine.

JOHNNY Perfect. I am the Dominican tycoon Juan Medina.

ÉRIC Welcome to Facetas, Mr. Medina. Welcome.

They hug.

⑤ *Later, in the kitchen...*

AGUAYO One must be careful when answering the telephone.

JOHNNY You mean be a liar.

DIANA It's a formality.

ÉRIC I hate being formal.

FABIOLA It's nice to hug people, Éric, but this is an office, not a soccer game.

⑥ *In the main office... the pizza boy walks in.*

JOHNNY Did someone order pizza?

DELIVERY BOY Is this 714 Juárez Avenue...?

MARIELA *(interrupting)* Office One, *Facetas* Magazine?... I am Mariela. I didn't know how to get here, so I ordered a pizza and followed the delivery guy.

JOHNNY Welcome!

⑦ *In the conference room...*

AGUAYO Mariela, I would like to introduce you to the Facetas team. This is Éric, our photographer.

ÉRIC How's it going?

AGUAYO This is Fabiola. She is in charge of the following sections: travel, economy, tourism, and entertainment.

FABIOLA Nice to meet you.

⑧ **AGUAYO** This is Johnny. He writes the sections on art, food and dining, health and well-being, and politics.

JOHNNY Hello.

AGUAYO And this is Diana. She is in charge of sales and marketing.

⑨ **DIANA** I've heard so much about you that I am eager to hear your own version.

MARIELA I am 22 years old, I am from Monterrey, I study at the UNAM, and I come from a large family.

JOHNNY Very large?

MARIELA In fifty years of marriage, my parents have raised nine children and twenty grandchildren.

⑩ **FABIOLA** What did you think?

ÉRIC Great.

FABIOLA That's all you have to say?

ÉRIC What else is there to say about a pizza?

FABIOLA I'm talking about Mariela!

ÉRIC I think she's beautiful, talented, and intelligent. Beyond that, she doesn't impress me at all.

Lección 2

*(The following is an English translation of the **Fotonovela** conversation as it appears in the textbook.)*

¡Tengo los boletos!

*The **Facetas** employees discuss their free-time activities. Johnny tries to help Éric. Mariela talks about her plans.*

(1) **JOHNNY** What's the matter with you?
ÉRIC I'm depressed.
JOHNNY Cheer up, it's the weekend.
ÉRIC Sometimes I feel alone and useless.
JOHNNY Alone? No, man, I'm here; but useless...

(2) **ÉRIC** You have no idea what it's like to live alone.
JOHNNY No, but I'm picturing it. The problem with living alone is that it's always your turn to do the dishes.
ÉRIC Girls think I'm boring.

(3) **JOHNNY** Don't be pessimistic.
ÉRIC No! I'm an optimist with experience. I've tried everything: movies, clubs, theater... nothing works.
JOHNNY You have to tell them jokes. If you make them laugh, bam! They're in love.
ÉRIC Really?
JOHNNY Sure.

(4) **JOHNNY** You know the one about the dots? It's a classic... There's a dot party...
They're all having a blast, enjoying themselves, and then in comes an asterisk...
And they all stare amazed, and the asterisk says: "What? You've never seen a dot with a bad hair day?"

(5) *Later, Fabiola and Aguayo secretly talk about Mariela.*
FABIOLA I told you.
AGUAYO Told me what?
FABIOLA That she didn't seem normal.

(6) *Mariela approaches them.*
MARIELA I got them! I got them!
FABIOLA You got what?
MARIELA The last tickets for tonight's rock concert.
FABIOLA What's the name of the group?
MARIELA Distorsión.

(7) *Later, at Diana's desk...*
ÉRIC Diana, can I tell you a joke?
DIANA I'm a little too busy for jokes.
ÉRIC It's just that I've got to tell a woman.
DIANA There are two other women in the office.
ÉRIC I'm afraid they'll laugh when I tell them.

(8) **DIANA** It's a joke!
ÉRIC Yeah, but I'm afraid they'll laugh at me, and not at the joke.
DIANA What makes you think I'll laugh at the joke and not at you?
ÉRIC I don't know, you're a serious person.
DIANA And why do you have to tell it to a woman?
ÉRIC It's a trick to win them over.
Diana laughs out loud.

(9) *Later on...*
MARIELA Wish me luck.
AGUAYO Luck? With what?
MARIELA Tonight I'm going to take the shirt off the guitarist from Distorsión!
ÉRIC *(teasing)* If you think it is so easy to take a guy's shirt off, why don't you practice on me?
Mariela attempts to take off Éric's shirt.

(10) *At the end of the day, in the kitchen...*
AGUAYO Anyone want coffee?
JOHNNY Did you make it or are you just serving it?
AGUAYO Just serving.
JOHNNY I want some.
ÉRIC I want some.

Lección 3

(The following is an English translation of the Fotonovela conversation as it appears in the textbook.)

¿Alguien desea ayudar?

Diana and Fabiola talk about everyday life. Aguayo asks for help cleaning, but almost everyone has an excuse.

(1) FABIOLA I hate Mondays.
DIANA When you have three kids, a husband, and a mother-in-law, you'll hate weekends.
FABIOLA Do you often argue with your family?
DIANA We always have arguments. My husband and kids win half of them. My mother-in-law wins the other half.

(2) FABIOLA Do they help you with the chores?
DIANA They do, but there's barely any time for anything. Today I have to go shopping with my eldest daughter.
FABIOLA And why doesn't she go on her own?
DIANA There are three groups of people that spend other people's money, Fabiola: politicians, thieves, and kids. All three need supervision.

(3) FABIOLA Be careful at the stores. Two months ago I went shopping and my credit card was stolen.
DIANA And did you go to the police?
FABIOLA No.
DIANA Why are you taking it so lightly? You'll be ruined!
FABIOLA I don't think so. Whoever stole it from me uses it less than I do.

(4) *In Aguayo's office...*
MARIELA Do you need help?
AGUAYO I can't get it to work.
MARIELA I think Diana has a small toolbox.
AGUAYO That's right!
Aguayo leaves the office. Mariela kicks the vacuum cleaner.

(5) AGUAYO Lubricating oil and adhesive tape! These are all the tools you have?
DIANA Of course! It's all that I need. Tape for things that move and oil for things that don't move.
Noises from the vacuum cleaner are heard.
AGUAYO *(surprised)* Hey... How'd you do it?

MARIELA Easy... I thought of my ex.

(6) *Later, in the kitchen...*
AGUAYO The janitor left a message saying he's sick. I'm going to vacuum at lunchtime. If anyone wants to help...
FABIOLA I'm really busy at lunchtime.
DIANA I have a meeting with a client.

(7) ÉRIC I have to... I have to go to the bank. Yeah. I'm going to ask for a loan.
JOHNNY I have to go to the dentist. I haven't gone since last time... I need a cleaning.
Aguayo and Mariela are the only ones left.

(8) *Diana comes back from lunch with a box full of sweets.*
DIANA I brought you some sweets to reward your hard work.
AGUAYO Thanks. I'd try them all, but I'm on a diet.
DIANA *(taking a bite)* Good! So am I.
MARIELA But you're eating!
DIANA Yes, but against my will.

(9) *Fabiola and Johnny arrive at the office. Mariela is finishing cleaning.*
JOHNNY What a shame I didn't get here on time to help you!
FABIOLA The same for me. I even ate so fast that I didn't get dessert.
MARIELA If you'd like, there are some sweets left in the kitchen. They're very good... *(to herself, referring to the cleaning spray)* And it wouldn't have been a bad idea to spray them with a bit of this.

(10) *Fabiola and Johnny return from the kitchen.*
JOHNNY You're so inconsiderate, Fabiola. If I had gotten here first, I would have left the large pastry for you.
FABIOLA So what are you complaining about? You have what you want and so do I. Anyway, weren't you at the dentist?
JOHNNY Sweets are the best anesthesia.

Lección 4

(The following is an English translation of the Fotonovela conversation as it appears in the textbook.)

¿Dulces? No, gracias.

The employees of **Facetas** *discuss staying in shape.*

(1) DIANA Johnny? What are you doing here so early?

JOHNNY I woke up early to go to the gym.

DIANA Are you ill?

JOHNNY What? You never work out?

DIANA Not much... Sometimes I get the urge to exercise, so I lie down and rest until it passes.

(2) *In the kitchen...*

JOHNNY *(talking to his candy)*

I will remember you wherever I am. I know this is difficult, but you must be strong... Please don't put on that "eat me" face. As much as you insist, I'll have to throw you away. I hope you can forget me.

(3) FABIOLA You've started going to the gym? Congratulations. To get in shape, you have to work hard.

JOHNNY It isn't easy.

FABIOLA It's not difficult. I don't exercise, for example, but I do try to eat healthy.

JOHNNY No fast food.

FABIOLA I would really like to have your will power!

(4) *In the conference room...*

AGUAYO *(speaking directly to Mariela)*

I'd like you to make some changes to these designs.

DIANA We think the designs are good and original but they have two problems.

ÉRIC Yeah, the good ones aren't original and the original ones aren't good.

AGUAYO What do you think? *(Mariela does not answer.)*

(5) *Mariela writes 'I lost my voice' on the board.*

AGUAYO You lost your voice?

DIANA Thank God... For a moment there I thought I had gone deaf.

AGUAYO You're sick. You should be in bed.

ÉRIC Yeah, you could have called to say you weren't coming.

(6) *In the kitchen...*

DON MIGUEL Wow! There must be a thousand pesos in candy here. Mmmm! And they're good.

JOHNNY Hello, Don Miguel... How's it going?

DON MIGUEL *(smiles but can't talk because he's eating)*

JOHNNY Another one who's lost his voice! What is this? An epidemic?

(7) FABIOLA What did you buy?

JOHNNY Nutritious, low-calorie food. I have sworn to never eat another candy.

FABIOLA What is this?

JOHNNY This is so healthy you feel better just by touching the box.

FABIOLA Does it taste good?

JOHNNY Of course, you just have to heat it up.

(8) *In Aguayo's office...*

DIANA The new designs are perfect. Thank you.

AGUAYO Mariela, I insist that you see a doctor. Go home and don't come back until you feel better. I'm giving you advice. Don't think of me as your boss.

DIANA Think of him as a friend who's always right.

(9) AGUAYO By the way, Diana, come with me to turn in the designs right away. I have to return immediately. I'm waiting for a very important call.

DIANA Let's go.

They leave. The phone rings. Mariela stares at the phone, terrified, because she cannot answer it.

(10) FABIOLA Weren't you going to improve your diet?

JOHNNY If you can't do it well, enjoy doing it wrong. I'm happy.

FABIOLA Sugar is not the key to happiness, Johnny.

JOHNNY You say that because you haven't tried a *Chocobomba*...

Lección 5

(The following is an English translation of the Fotonovela conversation as it appears in the textbook.)

¡Buen viaje!

Fabiola and Éric prepare for an ecotourism trip to the Amazon jungle.

(1) **DIANA** Here are the tickets to Venezuela, the guide to the Amazon jungle, and your passports... I'll give you the hotel information later.
ÉRIC Thanks.
FABIOLA Thanks.

(2) **ÉRIC** Can I see your passport?
FABIOLA I don't like how I look in the picture. They made me wait so long, I ended up looking angry.
ÉRIC Don't worry... you'll make the same face when you're in the jungle.

(3) **DIANA** It's necessary for you to memorize this. We have to leave through gate 12.
FABIOLA, ÉRIC AND JOHNNY We have to leave through gate 12.
DIANA The bus for the hotel will pick us up at 8:30.
FABIOLA AND ÉRIC The bus for the hotel will pick us up at 8:30.

(4) **DIANA** The last number you have to memorize is forty-eight dollars and fifty cents.
FABIOLA, ÉRIC Forty-eight dollars and fifty cents.
JOHNNY And that last number, what's it for?
DIANA That's the taxi fare you'll have to pay to get to the hotel if you forget the first two numbers.

(5) **ÉRIC** (*Walks in dressed like an explorer.*) Step aside, cowards, the adventure has begun.
MARIELA Who do you think you are... Mexico Jones?
ÉRIC No, I'm Crocodile Éric, the bravest photographer in the jungle. Ready to face danger.
FABIOLA What danger? We're doing a report on ecotourism... Ecotourism!

(6) **ÉRIC** Yes, but in the Amazon, Fabiola. A-ma-zon!
MARIELA It's so risky you'll have a tour guide and the most luxurious accommodations in the jungle.

ÉRIC While she writes her article in the safety of her hotel room, I'll be exploring and taking pictures... I need to be protected.
FABIOLA From what it seems, the only thing you need to be protected from is yourself.

(7) *Johnny and Éric are pretending to be in the jungle.*
JOHNNY (*with his face painted*) What's so funny? Soldiers use warpaint... I've seen it in movies.
ÉRIC Let's try it again.
JOHNNY This time I'm a puma that attacks you from a tree.
ÉRIC That's better.

(8) *Before he says goodbye, Éric puts things in his suitcase.*
AGUAYO For everyone's safety, I think you should leave your machete behind, Éric.
ÉRIC Why should I leave it? It's a pretend machete.
DIANA But it can bring you real problems.
AGUAYO Everyone in the jungle will be grateful.

(9) **ÉRIC** Can somebody help me close my suitcase?
JOHNNY What on earth do you have in there?
AGUAYO You need to leave some things behind.
ÉRIC Impossible. Everything I packed is of the utmost necessity.
JOHNNY What? This?
Johnny sticks his hand in the suitcase and pulls out a whip.

(10) *Diana closes the suitcase with tape.*
DIANA All set... *Bon voyage!*
AGUAYO I hope you enjoy Venezuela and bring back the best report you can.
JOHNNY And it's important that you don't try to come across as too clever or refined; just be yourselves.
DIANA And don't forget your passports.
ÉRIC Now that I think about it... I had put it in my suitcase!

Lección 6

(The following is an English translation of the Fotonovela conversation as it appears in the textbook.)

Cuidando a Bambi

Aguayo goes on vacation, leaving his fish to the care of the Facetas employees.

(1) **MARIELA** It's a giant spider!
FABIOLA Don't be afraid.
MARIELA What are you doing up there?
FABIOLA I'm leaving them space so that they can catch it.
DIANA If you spray it with this (*shows him a spray can*) you'll really kill it.
AGUAYO But this is for killing flies.

(2) **FABIOLA** Spiders will never go extinct!
MARIELA Cockroaches are the ones that will never go extinct. They can survive snow, earthquakes, and even hurricanes, and not even radiation can harm them.
FABIOLA Well! And... do you think they would survive Aguayo's coffee?

(3) **AGUAYO** Mariela, could you do me the favor of taking my messages? I'm going home to get my fish. Diana offered to take care of it while I'm on vacation.
MARIELA Sure, boss!
AGUAYO By tomorrow afternoon we will be at the campsite.
FABIOLA How can sleeping on the ground and eating canned food be called a vacation?

(4) **AGUAYO** The idea is to be in contact with nature, Fabiola. To explore and enjoy the largest nature reserve in the country.
MARIELA It must be exciting.
AGUAYO It is. I just have one question. What should I do if I see an endangered animal eating up an endangered plant?
FABIOLA Take a picture.

(5) **AGUAYO** Guys, I'd like you to meet Bambi.
MARIELA What? Isn't Bambi a baby deer?
AGUAYO He is?
JOHNNY Couldn't you have given him a more original name?
FABIOLA Yeah, like Flipper.

(6) **AGUAYO** This is his food. Just once a day. Don't give him more, even if he gives you a puppy-dog face... Well, I've got to go.
MARIELA How do we know if he's making a puppy-dog face?
AGUAYO Instead of going like this...
(*he sucks his cheeks in and moves his lips like a fish*)... he goes like this.

(7) **JOHNNY** Last call.
FABIOLA We'll stay and look after Bambi.
ÉRIC I like that little fish, but I'm going to lunch. Enjoy your meal.
The guys leave.

(8) **DIANA** Oh, I don't know about you, but he looks very sad to me.
FABIOLA Of course. His father has abandoned him to go sleep with ants.
MARIELA Why don't we feed him?
DIANA I've already fed him three times!
MARIELA I know. We could give him dessert.

(9) **FABIOLA** Look what I found in Johnny's desk.
MARIELA Animal crackers!
DIANA What are you doing?
MARIELA We have to find the whale. He's a fish, and he's lonely. I'm guessing he wants company.
DIANA But we can't give him cookies.
FABIOLA Then what are we going to do? He still looks so sad.

(10) **MARIELA** I know! We have to make him feel at home. (*They paste one of the beach photos to the fish bowl.*) How about this one with the ocean?
DIANA Perfect. He looks so happy.
FABIOLA Look at him.
The guys arrive.
ÉRIC Bambi! Darn fish. On a tropical beach with three women.

Lección 7

(The following is an English translation of the Fotonovela conversation as it appears in the textbook.)

El poder de la tecnología

*The **Facetas** office receives an LCD screen.*

(1) MAN 1 Here's the screen you ordered. It has a digital image, hi-fi sound, universal remote control and can connect to satellites and to the Internet immediately after installation.

JOHNNY And it's in this huge box?

MAN 1 If you would be so kind, give me your signature below, please.

(2) *Johnny is on the floor unconscious.*

MAN 2 Why don't you call an ambulance?

MARIELA Don't worry. It was just a small overdose of euphoria.

MAN 1 This is very exciting! No one has ever fainted before.

FABIOLA You haven't met Johnny.

MAN 2 This is what I call "the power of technology."

(3) ÉRIC Boss, try this to see if he wakes up. *(Éric gives him some salt.)*

AGUAYO What am I supposed to do?

ÉRIC Open it and wave it under his nose.

AGUAYO This doesn't work.

DIANA I know an infallible method.

ÉRIC What are you doing?!

Diana opens Johnny's mouth and pours the salt inside. Johnny wakes up.

(4) JOHNNY Did you know that NASA space shuttles have screens like these?

MARIELA I hope no astronaut passes out because of them.

AGUAYO Where are we going to install it?

DIANA On this wall, but we have to find someone to do it because we don't have the tools.

(5) JOHNNY What? You don't have a toolbox?

ÉRIC Unless you want to stick the screen to the wall with tape and then adjust it with lubricant, no.

FABIOLA There's construction going on downstairs.

Johnny and Fabiola go to look for the tools.

(6) *Later, Johnny and Fabiola are about to hang the screen on the wall.*

AGUAYO Johnny, are you sure you know what you're doing?

JOHNNY Easy, boss, it's not that hard.

FABIOLA It's just a little hole in the wall.

(7) *The phone rings.*

MARIELA *Facetas* magazine, good afternoon. Boss, it's a call from your wife on line three.

AGUAYO Ask her where she is and I'll get back in touch with her.

MARIELA One second.

AGUAYO I'll be in my office. I don't want to see this mess.

(8) *While they are working, the lights go out.*

FABIOLA Johnny!

JOHNNY What happened?

FABIOLA Johnny! Johnny!

JOHNNY It's okay, it's okay. Here comes the boss.

AGUAYO It's not that hard, it's just a little hole in the wall... Not even the phone works!

JOHNNY *(to Aguayo)* If you want you can use my cell phone.

(9) *Later, in the conference room...*

AGUAYO Surrounded by the best technology, only to be illuminated by a few candles.

DIANA Nothing has changed since the beginning of mankind.

(10) MARIELA Speaking of transcendental issues... Have you ever asked yourselves where the lights go when they go out?

Lección 8

(The following is an English translation of the Fotonovela conversation as it appears in the textbook.)

Necesito un aumento

The staff celebrates the magazine's second anniversary. It's a time full of memories

(1) *In the conference room...*
EVERYONE Happy birthday!
AGUAYO Before blowing out the candles of our second anniversary, I would like **everyone** to close their eyes and make a wish.
JOHNNY I'm thinking of one...
EVERYONE One, two, three...
They blow out the candles.

(2) **DIANA** Ahh... Who would have guessed? Two years and so many memories.
AGUAYO Remember when you came for the job interview and Éric thought you were the daughter of a millionaire?
FABIOLA Yes, I remember he had this look on his face.
Fabiola remembers...

(3) **AGUAYO** Éric, I'd like you to meet Fabiola Ledesma, our new writer.
ÉRIC Aren't you the daughter of the millionaire banker and businessman Ledesma?
FABIOLA No. My father is an engineer and is not a millionaire.
ÉRIC Sorry, for a moment there I thought I had fallen in love with you.

(4) *Back to the present...*
AGUAYO A toast to our magazine, to our success, and in conclusion, a toast to those who work hard... Cheers!
EVERYONE Cheers!
DIANA This reminds me of the first day Johnny came into the office.
Diana remembers...

(5) **DIANA** You were supposed to be here half an hour ago and yet you're late. In this company, the employees come in at nine in the morning and work hard all day. You know what hard work is, right?
JOHNNY At my previous job I started at four in the morning and was never late.
DIANA At that hour, you never know if you're in too late or too early.

(6) *Back to the present...*
AGUAYO Now back to work. (He leaves.)
MARIELA I hoped they would give us the afternoon off!
DIANA Guys, I've been thinking about getting an anniversary present for Aguayo.
FABIOLA I'm sorry I can't help you but I'm going through an economic crisis.
DIANA At least help me pick out the gift.

(7) **FABIOLA** It should be something imported. Something small, refined and fun.
ÉRIC How about a colored fish?
EVERYONE Poor Bambi!
FABIOLA I meant some kind of "executive" gift, Éric. Something exclusive.
ÉRIC Mariela, what would you give a man who has everything?
MARIELA My phone number.

(8) *In Aguayo's office...*
FABIOLA Boss, got a minute?
AGUAYO Yes?
FABIOLA You know I have a great résumé and that I'm very productive at my job.
AGUAYO Yes?
FABIOLA And that my articles are well-received which has brought this magazine...

(9) **AGUAYO** What is it that you want, Fabiola?
FABIOLA A raise.
AGUAYO What is going on with you? I gave you a raise six months ago.
FABIOLA I know, but right now, there are three companies on my tail. Because of that, I deserve another raise.
AGUAYO What companies are they?
FABIOLA (embarrassed) The telephone, water, and electricity companies.

(10) *Later on...*
DIANA I know what I can get Aguayo... a key chain.
(Éric and Fabiola make faces.)
DIANA What?
FABIOLA I don't blame him if exchanges it for a fish.

Lección 9

(The following is an English translation of the Fotonovela conversation as it appears in the textbook.)

¡O estás con ella, o estás conmigo!

Fabiola gets her first role as the double of a soap opera star.

1 JOHNNY How'd it go?

FABIOLA Okay.

AGUAYO That's all you have to say about an interview with Patricia Montero, the great soap opera star? I would have thought you'd be more excited.

FABIOLA I am. I have to do my big scene in a soap opera and I need to concentrate.

AGUAYO AND JOHNNY What?

2 FABIOLA When I finished the interview, I was leaving the dressing room and a man walked up to me and asked me if I was Patricia Montero's double.

MARIELA And what did you tell him?

FABIOLA I said, well... yes.

AGUAYO I can't believe you did that!

FABIOLA It was one of those situations where, as much as you don't want to, you have to lie.

3 ÉRIC And what happened after that?

FABIOLA He gave me these papers.

JOHNNY It's the soap opera script!

FABIOLA Tomorrow I have to be at the station very early, ready to shoot.

JOHNNY There are some very interesting scenes here!

4 AGUAYO *(Reads out loud.)* "Valeria walks into the room and discovers Fernando in the arms of... Carla?" *(Aguayo pauses.)*

AGUAYO *(Continues)* "Discovers Fernando in the arms of Carla" I knew it! I knew the jerk would cheat on her with that idiot. He isn't even man enough to...

Aguayo leaves. Everyone looks at each other surprised.

5 AGUAYO I'm glad you got that role in the soap opera. The other day I walked in front of the TV and saw a bit. My wife doesn't miss it.

FABIOLA Speaking of that, I wanted to ask for permission to take the rest of the day off. I need to rehearse tomorrow's scenes.

AGUAYO You can practice them in the office. The guys love all that soap opera stuff.

6 *Later, rehearsing the scene...*

FABIOLA Éric will be the director.

JOHNNY Why can't I be the director?

ÉRIC You don't have the toys.

FABIOLA You'll be Fernando, and Mariela will be Carla.

7 ÉRIC Let's begin. Page three. The scene where Valeria surprises Fernando with Clara. You'll be here, and you'll be over here *(Éric separates them).*

JOHNNY What? Don't you know how to read? *(reads)* "Surprises Fernando in the *arms* of Carla." *(They embrace.)*

ÉRIC Okay. Fabiola, you will come in through here and surprise them. Ready? Action!

8 FABIOLA Fernando Javier! You will have to decide. Either you're with her, or you're with me!

JOHNNY Valeria! *(Pauses.)* I don't love her, and I don't love you. *(Diana enters.)* I love you both.

Diana is horrified.

9 FABIOLA *(Explaining the situation.)* And that is why we are rehearsing the scenes.

DIANA Thank God... But I think you are confused. Doubles don't have any spoken lines. They just perform the scenes in which the main character is in danger.

MARIELA That's right. *(Reads script.)* Page six: "Valeria jumps out the window."

10 *Later on...*

ÉRIC Action!

FABIOLA I know you've decided to get married. I hope you had fun behind my back. Goodbye, cruel world. *(Screams but does not jump.)* Aaahhhggg!

ÉRIC Very good. Now, jump!

FABIOLA No way. First, my makeup.

Lección 10

(The following is an English translation of the Fotonovela conversation as it appears in the textbook.)

Unas pinturas... radicales

Johnny explains to his co-workers how to criticize a work of art.

(1) JOHNNY Guys, these are the paintings I told you about. I got them really cheap. I'm going to write an article about them. Do they say something to you?
MARIELA Yeah, they say "iahhgg."
JOHNNY What do you mean they're ugly? It's art. You can't criticize it like that.
MARIELA It's what people do with art. Be it modernism, surrealism, or cubism, if it's ugly, it's ugly.

(2) JOHNNY I'll show you how to correctly criticize a work of art. Pretend you're looking at paintings in a gallery, okay?
ÉRIC Okay.

Pretending that they are in an art gallery.

JOHNNY I imagine you've seen the rest of the exhibition. How did you like it?
ÉRIC I would have rather gone to the movies. These paintings are rubbish.

(3) JOHNNY You can't say that at an exhibition. If you don't like the paintings, you should say something more artistic, like they're primitive, or radical.
MARIELA If I had thought they were primitive or radical I would have said so. But they're just plain horrible.
JOHNNY Mariela, "horrible" is not used anymore.

Diana goes by and sees the paintings.
DIANA Those paintings are... horrible!

(4) *Fabiola arrives at the office.*
FABIOLA How beautiful! It's like the verse of a poem. I'd seen art before, but this is special. Is it for sale?
MARIELA Of course!
FABIOLA There's a small detail. It doesn't have any yellow. Could you speak with the artist to see if he would change the colors?
JOHNNY Impossible!
FABIOLA But they're just brushstrokes.

(5) JOHNNY Okay. I'll talk with the artist so he makes the changes for you.
FABIOLA Thanks. But remember that it's this one. The other two are rather...
MARIELA Radical?
ÉRIC Primitive?
FABIOLA No, horrible.

(6) *Later, in the kitchen...*
JOHNNY The artist will never change the colors. Why did you make me tell her he will?
MARIELA You wouldn't have sold a single piece.
JOHNNY I don't want to sell them, I have to write about them.
MARIELA It doesn't do any harm. You could become a great art dealer.

(7) JOHNNY *(imagining...)* No one could have imagined a better end to this auction. I present to you a masterpiece: the *Mona Lisa*.
AGUAYO Five hundred million pesos.
JOHNNY Who offers more for this painting?
FABIOLA One billion pesos.
JOHNNY Sold! It goes to this lady.
FABIOLA Could you speak with the artist and have him accentuate the smile a little more?

(8) *Later, in the main office...*
JOHNNY I'm glad you decided not to alter the painting.
FABIOLA It would have been disrespectful.
JOHNNY Of course. Well, enjoy it.

(9) *At Mariela's desk...*
ÉRIC You lost the bet. Pay me.
MARIELA I still can't believe she bought that painting.
ÉRIC Listen, if you prefer, instead of paying me for the bet, you could take me to dinner...
MARIELA *(smiling)* I haven't gone mad, you know?

(10) *Aguayo comes in.*
AGUAYO Are these the paintings for your article?
JOHNNY Yes. What do you think, boss?
AGUAYO I would say these two are... primitive. But that one in the middle *(looks at Fabiola's)* is definitely... horrible.

Lección 1

Cinemateca: *Momentos de estación*

Director: Gustavo Cabaña
País: Argentina

Un viajero va a comprar un boleto de tren a la ventanilla.

VIAJERO Estoy enamorado de usted.

CAJERA ¿Cómo?

VIAJERO Que la amo.

CAJERA No, no puede ser.

VIAJERO Tenía que decírselo hoy. Es mi último viaje.

CAJERA Esto es una broma.

VIAJERO No, no es ninguna broma, Ana.

CAJERA ¿Cómo sabe mi nombre?

VIAJERO Lo averigüé *(found out)*; no fue difícil.

CAJERA Casi nunca me llaman por mi nombre.

VIAJERO Es un nombre hermoso.

La señora del abanico llama al chico de la boina.

SEÑORA ¡Chist!, Juan, ¿qué pasa?

JUAN Él la ama; ella no le cree.

En la taquilla

CAJERA ¿Quién sigue?

VIAJERO Escúcheme, Ana, por favor.

Juan, a las dos chicas

JUAN Él la ama; ella no le cree.

Se va otra vez hasta la ventanilla.

JUAN Perdón que me meta, pero, ¿qué le hace pensar que es una broma *(joke)*?

CAJERA No sé...

JUAN Créale. Parece un buen muchacho.

CAJERA Es que ni siquiera nos conocemos.

VIAJERO Hace más de un año que nos conocemos. Usted es la que me atiende siempre. Yo soy el que va a la capital.

CAJERA Todos van a la capital.

VIAJERO Exactamente 375 veces, sin contar la de hoy. Aquí están todos: 375 boletos, uno por uno. Salvo los de esa semana que estuvo con gripe; los guardo como recuerdo.

CAJERA ¿Qué quiere de mí?

VIAJERO Bailar.

CAJERA ¿Bailar?

VIAJERO Bailar, abrazarte, besarte...

CAJERA Ahora no, no puedo, estoy trabajando.

El jefe asiente y la cajera sale. Empieza a sonar el bolero. Escena de la señora del abanico y el chico joven. Los dos están sentados en el banco azul.

SEÑORA A veces, se le va la vida a uno sin que suceda algo tan maravilloso. Once años hace que murió mi marido. ¿Sabes, hijo?, ¡cuánto hace que no me dan un beso!

El chico besa a la señora. Todos bailan. Suena la campana y todo vuelve a comenzar: el viajero entra, compra el boleto, sube al tren y se va, con la cajita donde guarda los boletos.

Lección 2

Cinemateca: *Espíritu deportivo*

Director: Javier Bourges
País: México

CORSARIO Si creen que a los fantasmas nos es fácil regresar al mundo de los vivos... están muy equivocados. Hay que acumular invocaciones para que te den chance de regresar un ratito... y eso, sólo en espíritu. Pero esto yo no lo sabía la primera vez. Estaba yo en mi funeral cuando de repente...

ASISTENTE ¡Silencio!

CORSARIO Bueno, dejaré que los medios los pongan al tanto.

REPORTERA Gracias. Para informar que en la madrugada de hoy muere de un ataque al corazón Efrén "El Corsario" Moreno. Ídolo del fútbol mexicano de los años cincuenta y, en su tiempo, uno de los mejores delanteros del mundo. Familiares, amigos y ex compañeros de juego lamentan la llegada del silbatazo final de este *crack* del fútbol. Sin duda extrañaremos al autor de aquel gran gol de chilena con el que eliminamos a Brasil del mundial de Honduras de 1957.

REPORTERA Don Tacho, ¿es cierto que usted dio el pase para aquel famoso gol?

TACHO ¡Claro que sí! Yo le mandé como veinte pases al área penal, pero él nada más anotó esa sola vez...

JUANITA ¡Mentira! El Tacho Taboada es un hablador. Todo el mundo sabe que él siempre se quedaba en la banca.

TACHO ...pero El Corsario siempre estaba eh... muy verde. Con excepción de las mujeres... ¡ah no, era remujeriego desde entonces!... Tiro por viaje, les anotaba el gol.

JUANITA Mi viejo, él nunca quería ir a la cancha si no llevaba bajo el uniforme el calzón de seda que yo le bordé con nuestras iniciales. ¿Usted cree que si él fuera mujeriego hubiera hecho eso?, ¿usted cree, señorita? Quiso ser enterrado con ellos, y con el balón de fútbol con las firmas de todos los que jugaron con él en aquel partido con Uru... con Brasil. Se irá a la tumba con sus trofeos y su uniforme; ¡como un gran héroe, señorita!

MARACA Pobre Juanita. Está deshecha.

TOCAYO Es una tragedia.

MARACA Vamos por un café, ¿no?

TOCAYO Vamos.

TACHO ...porque yo le di el pase al Corsario, pero él ya había rebasado el área chica y cuando regresó, se resbaló, cayó al suelo y anotó el gol.

MARACA Pinche Tacho, eres un hablador. Estás mal. Tú ni siquiera fuiste a ese mundial. Es más, cien pesos a que te lo compruebo.

TACHO ¡Y cien pesos más que estuve en el juego!

MARACA ¡Órale!

TOCAYO Por qué no hacemos una cosa: vamos por el balón antes que termine la misa y cierren el ataúd.

TACHO ¿Pero cómo se te ocurren esas cosas?

TOCAYO Porque ahí están las firmas de todos nosotros. Y a ver quién tiene razón, tú o nosotros.

CURA Buenas noches.

TACHO Buenas noches.

MARACA Buenas noches, Padre.

CURA Señora.

JUANITA Buenas tardes, padre.

CURA Niña. Vengo a dar la misa, señora.

JUANITA ¿Misa?

CURA Viene con el paquete.

JUANITA Ah, está dentro del paquete... hija, ve por tu padr... eh, háblale al compadre, dile que lo necesito... Padre...

MARACA Sí, mano, es un mentiroso.

TOCAYO Te aseguro que ya se fue.

MARACA No, no, que se va a ir, tiene que esperarse.

TOCAYO Mira ahí está. Ahí está.

MARACA Ah, ahí está. A ver, a ver Tacho, a ver...

TOCAYO Ahora sí, ahora sí.

CHINO Mira, aquí está la prueba, Tacho.

MARACA A ver, ¿dónde está tu firma?

TACHO Aquí debe estar.

MARACA No. No. No está. No insistas. Caete con los cien pesos...

TACHO Ya la borraron...

MARACA No. No. Doscientos pesitos me debes.

TACHO ¡Ya la borraron!

MARACA Qué borraron ni qué nada. Trae acá.

CHINO ¡No, no! ¿Qué vas a hacer?

TODOS ¡Ay, Tacho! ¡Ya ves por hablador!

BALTI ¡Aguas!

CURA En el nombre del Padre, del Hijo, del Espíritu Santo. Amén. Preparémonos en silencio para recibir la Eucaristía, para que cada uno de nosotros reconozca sus pecados, y encuentre el perdón.

JUANITA ¡Mujeriego!

VÍCTOR HUGO ¿Corsario Moreno? ¡No manchen! Yo nunca he escuchado hablar de ese tipo.

MARACA Porque son unos niños.

LUIS ¿Y mi guitarra? Me la rompieron.

TOCAYO Pero eso fue un accidente, ya ves que pasó la pesera.

MARACA Sí. ¡Son unos cafres!

TACHO Entonces, ¿ustedes no han oído hablar de mí?

VÍCTOR HUGO No, pues no.

TACHO Yo soy "El Tacho" Taboada, y yo jugué tres campeonatos como delantero de la selección.

MARACA Y yo, iguanas ranas.

BALTI ¿De la selección? Pero, ¿de qué asilo?

TACHO ¡Del ASÍ LO ves güey!

VÍCTOR HUGO Si no le pagan la guitarra aquí a mi carnal, no les regresamos su balón. ¿Cómo ven?

CHINO Muchachos, por favor.

VÍCTOR HUGO ¿Lo quieren?, pues vamos a rifarlo en un partidito, ¿cómo ven?

BALTI A tres goles.

TOCAYO En nuestros tiempos, los hubiéramos barrido, pero ahorita estamos velando al Corsario Moreno, ¡comprendan muchachos!

JOSÉ LUIS Uy, le sacan.

TOCAYO ¿Le sacamos?

MARACA No le sacamos.

TOCAYO Pues van los tres goles. ¿Cómo ven? Órale.

TACHO ¡Cómo va! ¡Cómo va!

TOCAYO Escojan portería.

CURA Estamos aquí para pedir a nuestro Señor que reciba a su siervo, Efrén, quien siempre fue ejemplo para su familia, para su colonia, para su equipo.

TACHO Por aquí. Tírala. Pásala.

VÍCTOR HUGO ¡Gooool! ¡Ahí está! Qué me duraste, ruquito, 'ira... ¡Goool!

TACHO ¿Y qué te pasa?

CHINO Corsario Nuestro que estás en los cielos, inspíranos que es a tres.

CURA Vamos a orar por que su alma llegue plena al Señor. Oremos.

MARACA Concéntrense muchachos. No marquen personalmente; son muy veloces. Hay que marcar por zona, y los más rápidos arriba.

CHINO ¿Y quiénes son los más rápidos?

LUIS Órale, que no es americano. ¿Van a jugar o qué?

TACHO Espérense muchachos, ahí vamos. Triangulen, eso nos hubiera dicho el Corsario.

CHINO Claro, es cierto.

MARACA Bueno, pues a triangular.

TODOS Uh, uh, uh, uh, uh, uh...

MARACA Ya, ya, ya.

JUANITA No hubo otra, ¿verdad? Dame una señal.

CORSARIO ¡Por fin! Suficientes invocaciones. Me dieron chance de... espiritualizarme durante la misa.

TACHO ¡Tírala!

CORSARIO Quizás porque creyeron que me quedaría. La última cascarita no me la iba a perder. ¡Ay güey! ¿Y 'ora? Ah, ya sé. A ver Maraca, ¡ponte flojito; ahí te voy!

TACHO ¡Suéltala, para acá!

TOCAYO Pásala, pásala. Voy, voy, voy.

TACHO ¡Gol!

TOCAYO ¡Gol!

CHINO ¡Gol!

CURA Resignación. ¡Y perdón! Dos palabras muy difíciles. Pero quién mejor que nuestro hermano Efrén supo aplicarlas, con toda su comunidad. En la cancha, en su familia. Cómo no recordar cómo... conglomeraba a todo el equipo. Se lo echaba a las espaldas. Aquellas galopadas por la banda derecha. Corría, libraba a uno, libraba al otro. Corría, centraba, la paraba con el pecho y... ¡goool de volea!... Esto... se lo digo en un sentido figurado, porque nuestro querido hermano Efrén fue un alma llena de bondad y bonhomía. Oremos.

TOCAYO Viene, viene.

CORSARIO A ver tú, Tocayo.

TACHO Es mía. Pásala, pásala.

TOCAYO Ya la tienes. Mía, mía, mía.

CORSARIO ¡Dale con todo! Y 'ora tú, pinche Tacho. Gira sobre el corazón, güey.

TODOS ¡Gol! ¡Gol!

CORSARIO Bueno, ya basta. Tengo que llegar a misa.

TODOS ¡Órale!... ¡No!

CORSARIO Juanita todavía esperaba una señal. No podía desaprovechar lo que había aprendido en el campo de juego.

TACHO Ni modo que lo regresemos así.

MARACA No, pues no.

VÍCTOR HUGO Y, ¿por qué no lo intercambiamos? La neta a mí sí me gustaría quedármelo. Ahí tienen todas sus firmas, ¿no?

MARACA Sí, la de los cinco.

TACHO La mía es aquí donde se rajó.

MARACA Sí, sí.

VÍCTOR HUGO Pues entonces, ¿qué?

TACHO Pues ya qué más da.

VÍCTOR HUGO Órale, dale la guitarra.

TACHO Juega.

JOSÉ LUIS Ahí luego se la firmamos.

BALTI Bien metido ese gol, ¿eh?

TACHO De campeón.

VÍCTOR HUGO Gracias, gracias. Suerte.

TODOS Hasta luego, ¿eh? Se cuidan. Que les vaya bien. Hasta luego.

TOCAYO Suerte, muchachos.

CORSARIO No se cuánto duró el intercambio... En el más acá, no existe el tiempo.

CURA La misa ha terminado.

TODOS Demos gracias a Dios.

JUANITA Adiós, viejito. Ya qué más da. Gracias.

CORSARIO Y el empate, es eterno.

HIJA Papá, ¿dónde andabas? Te anda buscando mi mamá desde que empezó la misa.

TACHO Vamos, hija.

Lección 3

Cinemateca: *Adiós mamá*

Director: Ariel Gordon
País: México

SEÑORA Se parece a mi hijo. Realmente es igual a él.

HOMBRE Ah, pues no, no sé que decir.

SEÑORA Sus facciones son idénticas.

HOMBRE ¿De veras?

SEÑORA Tiene los mismos ojos que él. ¿Lo puedo tocar?

HOMBRE No. No, no. Perdón.

SEÑORA Él también diría eso. Es tímido y de pocas palabras como usted. Sé que no me lo va a creer, pero tienen el mismo timbre de voz.

HOMBRE ¿Y a mí, qué?

SEÑORA Murió. En un choque. El otro conductor iba borracho. Si él viviera, tendría la misma edad que usted. Se habría titulado y probablemente tendría una familia. Y yo sería abuela.

HOMBRE Por favor, no llore.

SEÑORA ¿Sabe? Usted es su doble. Dios lo ha mandado. Bendito sea el Señor que me ha permitido ver de nuevo a mi hijo.

HOMBRE No, no se aflija señora, la vida sigue. Usted tiene que seguir.

SEÑORA ¿Le puedo pedir un favor?

HOMBRE Bueno.

SEÑORA Nunca tuve oportunidad de despedirme de él. Su muerte fue tan repentina. ¿Al menos podría llamarme mamá y decirme adiós cuando me vaya? Sé que piensa que estoy loca, pero es que necesito sacarme esto de aquí dentro.

HOMBRE Bueno, yo…

SEÑORA ¡Por favor!

HOMBRE Está bien.

SEÑORA ¡Mamá!

HOMBRE Mamá.

SEÑORA ¡Adiós, hijo!

HOMBRE ¡Adiós, mamá!

SEÑORA ¡Adiós, querido!

HOMBRE ¡Adiós, mamá!

CAJERA No sé lo que pasa, la máquina desconoce el artículo. Espere un segundo a que llegue el gerente.

GERENTE Eso es todo.

CAJERA Gracias.

GERENTE De nada.

CAJERA Son tres mil cuatrocientos ochenta y ocho pesos con veinte centavos.

HOMBRE ¿Qué? No, no puede ser.

CAJERA No, sí está bien.

HOMBRE Pero señorita, ¡si sólo son tres cosas!

CAJERA ¡Y lo que se llevó su mamá!

Lección 4

Cinemateca: *Éramos pocos*

Director: Borja Cobeaga
País: España

JOAQUÍN ¡Julia...! ¡Fernando!

FERNANDO ¿Qué? Ay, que es domingo...

JOAQUÍN Tu madre no está.

FERNANDO ¿Y a mí qué me dices?

JOAQUÍN ¡Fernando, vamos, levanta!

FERNANDO ¿Por qué estás descalzo?

JOAQUÍN Porque no encuentro mis zapatillas.

FERNANDO ¿Y estás seguro de que se ha ido sin más?

JOAQUÍN Eso parece.

FERNANDO ¿Y no ha dejado una nota o algo?

JOAQUÍN No lo sé. A lo mejor, en el salón....

FERNANDO Claro, en el salón estará.

JOAQUÍN La tele no está. Se la ha llevado.

FERNANDO ¡Papá! Creo que ya he encontrado tus zapatillas.

FERNANDO Papá... ¿Es ella...? Vamos a saludarla.

JOAQUÍN Está muy desmejorada.

FERNANDO Hola, abuela.

LOURDES Hola.

FERNANDO Cuánto tiempo sin verte, ¿eh?

LOURDES Mucho tiempo.

FERNANDO Mira, papá, es la abuela.

JOAQUÍN Hola.

LOURDES Hola.

JOAQUÍN Soy tu yerno Joaquín. No sé si te acuerdas de mí...

LOURDES ¿Venís a sacarme de aquí?

FERNANDO Sí...

LOURDES Pues nos vamos ya, ¿no? Voy a por mis cosas...

FERNANDO Nos la llevamos, ¿no? Ella se quiere venir.

JOAQUÍN No lo sé. Yo no la veo bien. No me había dado un abrazo así en su vida.

FERNANDO Eso es porque se ha puesto contenta de vernos.

JOAQUÍN No nos precipitemos, Fernandito.

FERNANDO Yo lo veo claro, papá.

LOURDES Yo ya estoy. ¿Nos vamos?

JOAQUÍN Lourdes, no te lo he dicho antes, pero tu hija no está en casa, ¿eh?

LOURDES De acuerdo.

JOAQUÍN Se ha ido de viaje unos días.

LOURDES No importa... Ya nos apañaremos.

LOURDES ¿Y mi habitación?

JOAQUÍN Esto se arregla en un momento. Desde que te fuiste, usamos este cuarto como trastero, pero enseguida lo apañamos... ¡Fernando!

LOURDES No te preocupes, no pasa nada...

JOAQUÍN ¡Fernando! Fernando, echa una mano aquí. Trae sábanas.

FERNANDO ¿Dónde hay?

JOAQUÍN ¿Dónde va a haber? Pues estarán en... Date prisa, que la abuela se quiere acostar. Otra vez juntos, ¿eh? Las suegras y los yernos no suelen llevarse bien, pero en nuestro caso siempre ha sido diferente, ¿no es cierto?

FERNANDO No hay. ¿Le presto mi saco de dormir?

JOAQUÍN ¿Pero cómo va a dormir la abuela en un saco? Busca las sábanas, anda. Que en algún sitio tienen que estar. Bueno... Pues esto ya está.

JOAQUÍN Creo que se ha dado cuenta.

FERNANDO ¿De qué?

JOAQUÍN Que sabe para qué la hemos traído.

FERNANDO ¿Qué dices?

JOAQUÍN ¿No la notas demasiado... contenta?

FERNANDO Lo que está es un poco...

JOAQUÍN Será eso. Vale.

FERNANDO Me acuerdo mucho de ti, abuela. Los domingos hacías una paella. Te salía buenísima. Con pimientos, pollo, guisantes, costilla. ¿Sigues haciéndola?

LOURDES Sí.

FERNANDO Bueno, abuela, aquí vas a estar muy bien. Te vamos a tratar como a una reina.

LOURDES Sí.

JOAQUÍN ¡Fernando! ¡La abuela!

FERNANDO ¿Qué pasa?

JOAQUÍN Que se ha largado.

FERNANDO ¿Qué? ¿Has mirado en la cocina?

JOAQUÍN No. Teníamos que haber cerrado la puerta con llave.

FERNANDO Igual nos ha dejado comida hecha.

JOAQUÍN Qué mala leche.

FERNANDO Ésta tampoco nos ha dejado nada.

LOURDES Hola.

FERNANDO Y JOAQUÍN ¡Hola!

LOURDES A ver... ¿Qué? ¿No coméis?

JOAQUÍN Que te diga esto a lo mejor te parece desproporcionado, Lourdes. Pero es que Julia lleva mucho tiempo de viaje y...

FERNANDO Mucho, mucho...

JOAQUÍN No sabes lo que esta tortilla significa para nosotros...

LOURDES ¿Y qué pensáis hacer? ¿Sacarle una foto y ponerle un marco? Bueno, me voy a arreglar el salón y mientras tanto, empezad a comer.

FERNANDO ¡Abuela!

LOURDES ¿Qué?

FERNANDO ¿Has comprado Coca-Cola?

JOAQUÍN No grites...

LOURDES No, no he traído Coca-Cola, pero enseguida bajo...

FERNANDO No, tranquila. Si eso, ya bebo otra cosa.

LOURDES No digas tonterías y sigue comiendo.

FERNANDO Abuela...

LOURDES ¿Qué?

FERNANDO Que sea *light*, por favor.

LOURDES A ver si os gusta.

FERNANDO Abuela, bebe un poco, ¿no? Esto hay que celebrarlo.

LOURDES No, bebed vosotros.

JOAQUÍN Sí, venga, Lourdes, un poquito.

LOURDES Bueno, vale.

FERNANDO Abuela, di algo.

LOURDES Pues... estoy muy contenta de estar en casa... otra vez.

FERNANDO ¡Eso es!

JOAQUÍN Ya es tarde, Lourdes. Vamos a la cama.

LOURDES Te has portado muy bien con tu suegra.

JOAQUÍN Por Dios, el favor nos lo estás haciendo tú a nosotros.

LOURDES ¡Qué va! ¡Qué va!

JOAQUÍN Ya verás cuando vuelva Julia y vea lo bien que nos has cuidado.

LOURDES ¿Tú crees que va a volver Julia? Yo creo que no... Mejor. Así estamos los tres solos. Perdóname...

JOAQUÍN ¿Julia? Soy yo... No me cuelgues, ¿eh?... Es importante. Es sobre tu madre. Ya sé que fui yo el que insistió en meterla en un asilo pero ahora está aquí, con nosotros... Es para pedirte perdón y para que veas que puedo cambiar... ¡Julia!

JOAQUÍN Julia, escúchame, por favor... Te estoy diciendo la verdad. Ahora no se puede poner porque ha salido con Fernandito a los recados, pero te juro que no te miento. ¿Cómo que estás con ella ahora mismo si hace diez minutos que ha salido de aquí? Sí... ¿Eh? Vale, Julia, vale.

FERNANDO Papá, ¿qué pasa?

LOURDES Bueno, yo me voy a hacer la comida. Tendréis hambre.

JOAQUÍN Tengo una cosa que contarte...

FERNANDO ¿Qué pasa, papá? No me dejes así.

JOAQUÍN Que no pasa nada, hijo... ¿Qué habéis comprado?

FERNANDO La abuela ha comprado unos chuletones. Son así. Nos vamos a poner las botas.

JOAQUÍN Seguro.

LOURDES Estará en un momento.

JOAQUÍN ¡Uy, qué buena pinta tiene esto!

FERNANDO Es que los hemos comprado en el mercado. Oye, que José Luis el carnicero no se acordaba de la abuela.

JOAQUÍN José Luis está mayor... y se le olvidan las cosas.

Lección 5

Cinemateca: *El anillo*

Director: Coraly Santaliz Pérez
País: Puerto Rico

INVITADA ¡Nena, qué bello ese anillo! Arnaldo se botó.
PROMETIDA Sí, lo sé. Permiso, voy al baño.

INVITADA 2 ¡Ay, este lente!

INVITADA 3 Si dejaras tus maceterías y me pagaras la operación de los ojos.
INVITADO Si no fueras tan altanera, no estaríamos tan pelaos.

GERENTE ¿Cuántas veces te tengo que botar?
VAGABUNDO Quiero algo de comer. Además me encontré una sortija de diamantes. Deja que la veas.
GERENTE Ésa es buena. *Allora.*
VAGABUNDO Pero si estaba aquí. Pero, ¡te lo juro que estaba aquí!
GERENTE *Andiamo, andiamo,* antes de que llame a la policía. *Allora ragazzo.*
VAGABUNDO Oye, pero dame algo de comer.
GERENTE *Ciao, bambino, ciao.*
VAGABUNDO Oye, pero dame algo de comer.
GERENTE *Ciao, ciao.*
VAGABUNDO Te lo juro. Mira, ábreme. Estaba aquí. Carajo, ¿pero dónde está? Dame algo de comer, aunque sean las sobras, chico. Carajo, si lo... Mira. Estaba aquí. ¡Estaba aquí, carajo!

NOVIA Oye, ¡alguien está como que de muy buen *mood* hoy!
EMPLEADO De súper buen *mood.*
NOVIA ¡Wow! ¡No lo puedo creer, mi amor! ¡Te botaste! ¡Sí, sí! ¡Me caso contigo! Tengo que llamar a mami. Déjame llamarla. Mi amor, te botaste.
EMPLEADO Beba, beba.... yo no la compré. No, no, yo estaba limpiando en el restaurante y me la encontré, ¿sabes? Esto nos resuelve porque vale, vale pesos. Lo podemos vender.
NOVIA ¡Eso es todo lo que a ti te importa!

EMPLEADO Pero, mi amor, pero no te pongas así, chica, ¿qué tú estás haciendo? No, chica, ¿qué tú haces?

HOMBRE Buenas noches, senadora.
SENADORA Buenas noches.
HOMBRE Permítame ayudarla. Que tenga buenas noches.
ANFITRIONA ¡Senadora!
SENADORA Buenas noches.
ANFITRIONA Al fin llegó.
SENADORA Es que había un tapón horrible.
ANFITRIONA ¿Hoy domingo por la noche?
SENADORA Bueno, usted sabe cómo son las cosas... Con su permiso, tengo que ir al cuarto de damas.

SENADORA ¡Una hora y me voy, no aguanto más!

PROMETIDA Ay Dios.

PROMETIDA Ay, mi amor, dejé otra vez el anillo en el baño.
NOVIO De milagro nadie se lo llevó.

Lección 6

Cinemateca: *El día menos pensado*

Director: Rodrigo Ordóñez
País: México

INÉS Te preparé algo para que desayunes. Ándale, será de volada. No, Julián, no. Es mejor no saber.

JULIÁN ¡Buenos días, Ricardo!

RICARDO ¡Buenos días, don Julián!

JULIÁN No hay noticias ¿no?

INÉS Nada, desde que la prendí está la misma película en todos los canales. Ven a comer algo.

JULIÁN Inés, nos tenemos que ir.

INÉS Dicen que todo se va a arreglar. Que si no, es cuestión de esperar hasta que lleguen las lluvias.

JULIÁN Sí, pero no podemos confiar en eso. No a estas alturas.

INÉS ¿Y a dónde vamos a ir? ¿Cómo vamos a salir de la ciudad?

JULIÁN No lo sé.

INÉS Pero dicen que en todas las salidas hay vándalos. Y que están muy resentidos porque ellos fueron los primeros que se quedaron sin agua.

JULIÁN Si no digo que no sea peligroso. Pero cuando se nos acabe el agua nos tenemos que ir de todos modos.

INÉS ¿Qué haces?

JULIÁN Anda, vieja, no seas vanidosa.

RICARDO Usted estése tranquilo, don Julián. Estamos igual de fregados.

JULIÁN Pues tú vas a estarlo más si no te largas de aquí ahora mismo... Igual de fregados.

INÉS ¿Pasa algo?

JULIÁN Ya no tenemos agua.

INÉS En la tele dijeron que...

JULIÁN Qué importa lo que hayan dicho. ¡Se acabó!

INÉS Esta mañana vi la cisterna, está casi llena.

JULIÁN Está contaminada y tú lo sabes.

INÉS Eso no es cierto. Saqué una cubeta y se la di a la perra. Se veía tan mal.

JULIÁN Inés, el agua está envenenada. Toda el agua de la ciudad está envenenada.

INÉS No es cierto, no es cierto, no puede ser cierto.

JULIÁN ¿Dónde la pusiste?

INÉS Déjame.

JULIÁN Mira por ti misma, Inés. Ya todo se acabó. Aunque lograran traer agua a la ciudad no pueden distribuirla. Las tuberías están contaminadas desde el accidente. Ninguna ayuda llegará a tiempo y menos aquí.

INÉS Pero no quiero dejar mi casa.

JULIÁN Te puedes llevar unas cuantas si quieres.

INÉS No, no quiero nada.

RICARDO Don Julián, venía a disculparme por lo de esta mañana.

JULIÁN Déjalo, vecino. Con un niño pequeño yo hubiera hecho lo mismo. Sobre todo tratándose de viejos como nosotros.

RICARDO No, qué pasó... no diga eso, don Julián.

JULIÁN Es la pura verdad, Ricardo. Y a ustedes, ¿cuándo se les acabó el agua?

RICARDO Antier, en la noche nos dimos cuenta.

JULIÁN Y te quedaste ahí, junto al tanque, esperando a que alguien se descuidara, ¿verdad? Ricardo, ¿quieren venir con nosotros?

INÉS Hay gente, Julián, hay gente. Nos van a matar, Julián, nos van a matar. Nomás porque venimos de la ciudad. Nosotros no tenemos la culpa de nada. ¿Adónde vas, Esther?

JULIÁN ¡Esther!

INÉS ¡Esther, espérate!

RICARDO ¿Estás loca? ¿Estás loca?

ESTHER Él sí que no tiene la culpa de nada.

JULIÁN No nos va a pasar nada, Inés. ¿Qué nos pueden hacer? Todos estamos igual.

Lección 7

Cinemateca: *Happy Cool*

Director: Gabriel Dodero
País: Argentina

TEXTO Buenos Aires - 1997

JULIO ¡Pablito, ¡¿por qué congelás hormigas?!

PABLITO ¿No consigue trabajo? Congélese. "Happy Cool", la empresa que te congela.

JULIO Escúchame. A mí no me faltás al respeto, ¿eh? ¿Escuchaste?

MABEL Déjalo, Julio. Juega a congelar hormiguitas porque ve las propagandas de la tele.

JULIO Yo vengo de buscar trabajo y no consigo nada, y encima tengo que ver esto. El chico me pierde el respeto a mí; yo ya no sé qué decirle a tu papá que nos está bancando acá en su casa. Al final de cuentas, parece que yo no sirviera para nada.

MABEL Mi amor, no es culpa tuya, es de la situación. Te queremos, tonto.

JULIO ¿Qué hacés, Daniel?

DANIEL ¿Qué hacés, Julio? ¿Cómo andás?

JULIO Y, ya vengo de cinco lugares y nada.

DANIEL ¿Y hace mucho que estás sin laburo?

JULIO Y, hace dos años y medio.

DANIEL ¿Dos años y medio? Yo hace tres, Julio. ¡Tres! Como que esto siga así, yo me congelo y chau. En ese "Happy Cool". ¿Viste?

JULIO Sí, sí.

DANIEL Y chau...

JULIO Congelarse. Están locos.

CONDUCTOR DE TV No se vayan porque después de la tanda hay más sorteos.

LOCUTOR Usted que está cansado de buscar. ¿No pensó que quizás éste no es su tiempo?

JULIO ¿No me pasa la sal...?

SUEGRO Shhh...

LOCUTOR No hay trabajo, pero hay una empresa que piensa en usted, "Happy Cool", la tecnología que lo ayuda a esperar los buenos tiempos. Tiempos de inversiones, de pleno empleo. El futuro que todos soñamos. Ahora usted puede esperar al 2015, al 2100 o al año que sea. ¡Congélese! Y viva el resto de su vida en el momento oportuno. "Happy Cool", hay un futuro mejor. Congélese y espérelo.

JINGLE "Happy Cool", la empresa que te congela.

JULIO ¡Qué locura!

MABEL Ya no saben qué más inventar. Yo no sé por qué no le dan trabajo a la gente y listo.

SUEGRA Lo que pasa es que la gente está desesperada y hace cualquier cosa.

SUEGRO A mí no me parece nada mal. Si la tecnología se pusiera al servicio de los problemas sociales...

PABLITO Quiero chocolate.

MABEL No hay. No seas pedigüeño. Pobre abuelo, que tiene que cargar con nosotros.

SUEGRO Tomá, tomá.

MABEL No, papá, no. Ayúdame a levantar la mesa.

SUEGRA ¿No comés más, Julio?

JULIO No, no.

SUEGRO Mirá, Julio. A mí me parece que a vos te conviene esto del congelamiento. Yo conozco mucha gente que está con tu mismo problema y piensa en hacerlo.

JULIO Yo lo entiendo, don Gerardo. Yo nunca estuve en esta situación. Yo siempre trabajé, mantuve a mi familia. Y ahora si no fuera por usted... Ustedes son la única familia que tengo.

SUEGRO Congélate, dale. ¿O tenés miedo, vos?

JULIO No. No tengo miedo. Lo que pasa es que yo no quiero dejar sola a Mabel.

SUEGRO Vos no te preocupés que yo la voy a cuidar. Si, total, ahora también la estoy cuidando yo.

JULIO Sí, yo ya sé. Una cosa es ayudar a su hija y a su nieto y otra es tenerme también a mí como un parásito. Pero escúcheme don Gerardo, déme un tiempito más, una semanita, diez días, yo creo que algo tengo que conseguir. La cosa está dura, ¿vio? Pero yo creo que algo tengo que conseguir.

SUEGRO Una semana. Ni un día más. Si en ese tiempo no conseguís algo, te doy la *guita*, te congelás y te dejás de jugar. Más por vos no puedo hacer. Yo también tengo mis problemas. No alimento más vagos, se acabó.

JULIO Mirá Mabel, yo quizá me tenga que congelar. Un tiempito nomás. Yo creo que esto en uno o dos años se soluciona.

MABEL Pero Julio, ¿qué decís? ¿Cómo podés pensar en una cosa así? Mirá, si esto no tiene solución hasta el 2080, ¿qué hago sin mi Julito?

JULIO Yo creo que esto es lo mejor para todos. En serio.

MABEL No.

JULIO Yo pensé que quedaba acá. Mi suegro me está apurando y me trata como a un vago.

DANIEL Es que vos te hacés mucho problema, Julio. Tenemos la solución al alcance de la mano. Congelémonos y chau.

JULIO Déjate de juegos... Daniel.

DANIEL Pero sí. ¿Vos te acordás cuando éramos *pibes* que pensábamos que en el 2000 la tecnología iba a ser tan poderosa que no iba a hacer falta *laburar*? ¿Viste?, teníamos razón, Julio.

VENDEDOR ¿Buscando trabajo, muchachos? Digo, por el periódico.

JULIO Y sí....

VENDEDOR ¿Sabían ustedes que según la proyección de la economía, el estudio del mercado, para el año 2010 se prevé una demanda de treinta millones de trabajadores?

DANIEL ¡Treinta millones, Julio!

VENDEDOR Pero hasta ese momento va a seguir el desempleo.

JULIO Mucho estudio de mercado, mucho marketing y no pegan una. Que los capitales vienen, y no vienen nunca.

VENDEDOR Bueno, pero hasta ese momento tienen que esperar. Si ustedes esperan al 2010, 2020 a más tardar, ¡se soluciona el problema, muchachos! ¡"Happy Cool", muchachos, "Happy Cool"!

DANIEL Pero esto es bárbaro, Julio, justo lo que necesito. Adiós con todo, yo me congelo. ¿Dónde hay que firmar?

VENDEDOR Ahí abajo.

JULIO ¿Qué hacés, Daniel?, no hagás *boludeces*.

DANIEL Julio, vos seguí caminando, levantándote a las cinco de la mañana, seguí haciendo fila. ¡Yo me congelo y chau!

SUEGRO Congélate, dale.

DANIEL Tenemos la solución al alcance de la mano. Congelémonos y chau.

PABLITO ¡"Happy Cool"!

DANIEL ¿Vos te acordás cuando éramos *pibes* que pensábamos que en el 2000 la tecnología iba a ser tan poderosa que no iba a hacer falta *laburar*?

VENDEDOR ¡"Happy Cool", muchachos!

SUEGRO Una semana, ni un día más.

CIENTÍFICA Bienvenido, señor Julio.

JULIO ¿En qué año estamos?

CIENTÍFICA En el año 2080, señor Julio.

JULIO Yo quisiera ver a Mabel y a Pablito.

CIENTÍFICA No se preocupe, en estos tiempos la tecnología le permite hacer lo que desee. Pero mire qué maravilloso futuro, Julio, quédese.

JULIO ¡Esto es fantástico! Tengo sed. ¡Qué bárbaro! ¿Pero sabe qué? Yo quisiera ver a Mabel y a Pablito, ¿se puede hacer eso?

CIENTÍFICA Claro, ahora es común viajar en el tiempo. ¿A qué año le gustaría ir?

JULIO Y... al 2001, más o menos. Este... no, pero, espere, espere. ¿Sabe qué? Con eso... me gustaría llevar algo de plata. Porque yo le quiero comprar una camiseta de la selección nacional al nene.

CIENTÍFICA Haga clic ahí.

JULIO ¿Yo? ¡Epa! ¿Y para ir al 2001 cómo hago?

CIENTÍFICA 2001, *enter*.

LOCUTOR TV Los astronautas congelados viajan al espacio lejano...

MABEL ¡Volviste del futuro!

JULIO Esperen, esperen... Acá está lo mejor... ¡La *guita*! ¡La *guita*!

MABEL Julio, Julio, dale Julio, Julio, ¿no ibas a buscar trabajo hoy?

JULIO No, Mabel, no. Tu papá tiene razón, la gente tiene razón, la publicidad tiene razón. ¿Sabés qué? Hay un futuro mejor. Acompáñame.

MABEL Ay, Julio, ¡qué tecnología!

JULIO Sí, sí. Se ve que es gente seria. Hay mucha plata invertida acá.

MABEL Ah, no sé qué voy a hacer. No sé si traerte flores como si estuvieras en un cementerio o qué.

JULIO Mabel, la ciencia nos plantea grandes interrogantes.

MABEL Volvé pronto.

JULIO Ojalá que la situación económica mejore.

MABEL Ojalá.

JULIO Sí, así me descongelan cuanto antes.

MABEL Cuidate. Te voy a extrañar. ¿Ya se congeló?

TEXTO El Futuro

JULIO Hola, yo soy Julio, testigo viviente del pasado.

ENCARGADO Encargado del presente. Ah, se está descongelando. Muy bien, bueno, cada uno a su casa, tengo que desalojar. Vamos, vamos.

JULIO Oiga don, ¿en qué año estamos?

ENCARGADO 2001.

JULIO ¿Pasaron cuatro años nada más? Pero, las chicas, el túnel del tiempo. ¿La tecnología lo logró? ¿Hay plena ocupación?

ENCARGADO Mire, la cosa está peor que cuando se metieron adentro de ese tubo. Nada avanzó, no hay empleo. Todo es un desastre. Todo para atrás. Mire, derrítase lo antes posible porque tengo que dejar el local en una semana, ¡vamos, vamos!

JULIO ¡Me engañaron!

ENCARGADO Mmmh.

JULIO ¡Me engañaron!

ENCARGADO Mmmh. Por favor, la ropa ésta me la deja, que está en el inventario de acá de la quiebra. Ahí tiene una mudita, tal vez le suba.

JULIO ¡Pablito, mirá quién llegó!

ELMER ¿Quién es, Pablito?

PABLITO Mi antiguo papá, papá.

MABEL Julio, ¿cómo estás?

JULIO Bien.

MABEL Yo sabía que esto iba a pasar. Vení. Pasá que te explico. Andá a lo de Chochi, Pablito.

JULIO Eh... el nene... ¿Qué me tenés que explicar?

MABEL Vení, pasá, pasá...

JULIO ¿Qué me tenés que explicar? ¿Quién es este tipo?

MABEL Me volví a casar, Julio.

JULIO ¿Cómo que te volviste a casar?

MABEL Sí, Julio. ¿Y si vos no te descongelabas hasta el 2100? ¿Qué iba a hacer yo con mi vida esperando que la situación pasara y vos pudieras trabajar? Elmer, mi nuevo marido.

ELMER Qué problema éste de las empresas de congelamiento. Mirá los problemas que traen a la gente, che.

MABEL Ay, me siento la doña Flor y sus dos maridos.

JULIO Yo te mato, Mabel.

MABEL Ay, Julio, es una broma. ¿Y si lo intentamos de nuevo?

JULIO Ah, bueno, está bien. Vos te separás y yo te perdono.

MABEL No, Julio, lo del congelamiento.

JULIO Ah.

ELMER Menos mal que pudiste solucionar lo de Julio.

MABEL Yo le decía, esa "Happy Cool" es muy piripipí, pero no me gusta nada. Al final, lo casero es lo mejor.

ELMER Bichita, las verduras congeladas, ¿dónde las guardo?

MABEL Guárdalas en el *freezer*.

ELMER Hay poco lugar ahora.

MABEL A ver, dame que yo las guardo.

MABEL Ay, mi amor, ¿qué te dije de las botellas en el *freezer* más de dos horas?

ELMER Bueno, a mí me gusta bien frío, che.

MABEL Bien frío, todo bien frío, escúchame, hoy tengo ganas de hacer la bañacauda...

JINGLE Happy Cool, Happy Cool, Happy Cool, Happy Cool... La empresa que te congela.

Lección 8

Cinemateca: *Clown*

Director: Stephen Lynch
País: España

PAYASO Tozudo. Cabrón. Sin piedad.

PAYASO ¿Luisa River? ¿Luisa River?

LUISA Sí...

PAYASO Debe usted 771 euros a Telefónica. Vengo a cobrar.

LUISA ¿Y tú quién eres?

PAYASO Soy de los cobradores del circo. Nosotros conseguimos que la gente pague sus deudas a nuestros clientes.

LUISA ¿De qué hablas? Pírate, payaso.

PAYASO Me encantaría. Pero a Telefónica no le gusta perder dinero. Y en casos como el tuyo, cuando no queda más remedio, pues nos llaman.

INSTRUCTOR Si te quieres quedar, tienes que bailar.

LUISA Mira, ya no tengo teléfono. Ni trabajo. Así que les dices a tus clientes que o me encuentran trabajo o que me dejen en paz.

PAYASO Mire Luisa, se lo voy a explicar para que... para que lo entienda. Mi trabajo consiste en humillarla y seguirla hasta que nos pague.

LUISA ¿Si te pego una hostia?

PAYASO Bueno, mi oficio está protegido por el artículo cuarenta y cinco barra setenta y dos del código penal; y aparte de pagar los gastos físicos y los disturbios psicológicos, la empresa incluiría tus deudas entre los gastos.

LUISA Qué trabajo tan patético tienes.

PAYASO Pues más patético es no tenerlo.

LUISA ¿Pero tú quién te crees que eres? Llevo meses buscando trabajo.

PAYASO Mira, de cualquier manera tendrás que pagar o lo vas a pasar muy mal conmigo.

LUISA Llega tarde tu amenaza, ¿sabes? Debo tres meses de alquiler, ya he vendido el coche y la tele y todo, y tengo dos hijos y su padre no pasa ni un duro; así que tu factura me la suda en este momento.

LUISA Lo siento, payaso, me encantaría pagarte. Pero eso es lo que hay. Le debo dinero a otros. ¿Para qué me sigues? ¿No me has oído? Que no vas a sacar nada...

PAYASO Me han asignado seguirte y tengo que cumplir.

LUISA Pues dile a tu jefe que te asigne otra persona, que no le puedes pedir peras al olmo.

PAYASO Eres mi primera morosa; podrías ayudarme un poco, ¿no?

LUISA A ver, ¿cómo te pagan? ¿Tienes un porcentaje de lo que puedas cobrar?

PAYASO Más un sueldito. Es poco pero cubrirá mis gastos.

LUISA Pues ya lo tienes, si tienes un sueldo fijo, ya está. Te vas al parque, te tomas una cerveza, después pues, pasas un rato con tu mujer, vas a casa y a la oficina, y le dices a tu jefe, pues que te ha sido imposible cobrar, que a esta mujer es imposible sacarle nada. Además, le puedes poner algo más dramático, le dices que me tienen que hacer un transplante.

PAYASO ¿Y si pasa un inspector? ¿Y si ve que no te sigo? ¿Entonces, qué? Me depiden, así de fácil. Mira, lo siento, pero necesito este trabajo.

LUISA Las cosas ya me van bastante mal, así que, por favor, no me las hagas peor, ¿vale?

NIÑA ¡Déjame pasar, cabrón!

PAYASO Oye, me cuesta mucho hacer esto, pero para mí también es lo que hay. Señores y señoras, por favor, por favor, ayudemos a esta pobre mujer a pagar su factura del teléfono. Sólo son 771 euros, una cantidad muy pequeña que yo les pediría, por favor, que ustedes pusieran de sus bolsillos. ¿Pero dónde vas, Luisa, con tanta prisa? ¿Ibas a hablar por el móvil? El móvil no es gratis. El móvil es dinero. Dinero es móvil. Muy triste es pedir, pero más triste es robar. Una monedita para Luisa, a la morosa, una monedita. ¿Qué? ¿Has visto dónde has llegado? ¿Estás orgullosa? ¿No te da vergüenza? ¿No tienes vergüenza, Luisa? Yo llevo la nariz roja, ¿pero quién hace aquí el payaso?

PAYASO Oye, oye, párate un momento.
LUISA ¿Quieres una respuesta? Pues sí, estoy orgullosa de no tener que ganarme la vida humillando a la gente como haces tú. No tengo nada, muy bien, pero tengo mi dignidad. No sé si eso te dice algo a ti.
PAYASO Vale, vale, ¿nos tomamos un café?

PAYASO ¿Tú crees que yo me quería dedicar a esto? Pues, no. Pero si tengo que hacerlo para mantener a mi mujer y a mi bebé, pues lo haré. Es patético, pero lo haré.
LUISA ¿Tienes un bebé?
PAYASO Una niña, de siete meses.
LUISA Yo me acuerdo cuando el mío tenía siete meses. Fue cuando nos dejó su padre.
PAYASO ¿No me dijiste que tenías dos hijos?
LUISA No, sólo uno.
PAYASO No, no, deja, deja, ya está.
LUISA ¿Venías a cobrarme y ahora me invitas? ¿Te doy pena? Adiós, Charly.
EMPLEADO 1 Vaya día, macho
EMPLEADO 2 Menudo...
EMPLEADO 1 ¿Tú qué?
EMPLEADO 2 Repasando para mañana.
EMPLEADO 1 Te espera el jefe.

JEFE ¿Cómo fue que le rompiste una pierna? Vale, vale, vale, ¿dónde estás? ¿En la comisaría? Bien, ahora te mandamos a alguien. ¿Y cómo ha ido?
PAYASO Bueno, pues... bien.
JEFE ¿Pero cobraste o no?
PAYASO No, cobrar, cobrar, no. Pero...
JEFE ¿Fuiste tozudo?
PAYASO ¡Muy tozudo!
JEFE Cabrón
PAYASO Sí, cabrón, cabrón.
JEFE ¿Sin piedad?
PAYASO Bueno, ¿sabe qué pasa? Que esta mujer tiene hijos... y uno está muy enfermo y necesita un transplante, y... la verdad es que intenté humillarla pero no había manera, tenía clarísimo que no podía pagar.
JEFE Todos lo tienen clarísimo.
PAYASO Ya, ya, me imagino, pero es que ésta además es que no, no podía pagar.
JEFE ¿Y tú cómo es que lo sabes?
PAYASO Bueno, pues, porque estuvimos hablando y por lo que decía yo intuía pues que estaba sin blanca.

Film Collection Video Script

JEFE Ya, ¿y eso lo intuiste antes o después de invitarle una cerveza? ¿Sabes qué pasa, Charly? Aquí hacemos una prueba a los nuevos cobradores. Este informe me confirma lo que ya sospechaba. Tú no estás hecho para este trabajo, Charly. Dejarte engañar por las apariencias es una señal de debilidad. No se consiguen resultados. Esto es una empresa, y yo necesito gente dura, no blanda como tú. Lo siento, pero tendré que despedirte.

PAYASO Oye, oye.

LUISA ¿Qué?

PAYASO ¿Cómo has podido hacerlo?

LUISA ¿Hacer qué? ¿Mi trabajo?

PAYASO Creía que no tenías.

LUISA Mira, déjame.

PAYASO Bueno, has conseguido que me echaran. Ahora, ¿qué hago? ¿Qué hago?

LUISA Pues te buscas otra cosa. Tú te crees que yo te he engañado, pero, no señor, no es así. Nos dejamos engañar muy fácil y en este oficio eso es un fracaso.

PAYASO ¿Y lo de tu dignidad?

LUISA ¿Mi dignidad? Lo digno es ver las cosas como son. Eso es lo digno.

Lección 9

Cinemateca: *Sintonía*

Director: Jose Mari Goenaga
País: España

MARÍA Te lo digo en serio. Creo que me he enamorado.

LOCUTOR Venga ya María, pero si... si apenas le conoces...

MARÍA Eso da igual... Eso se nota... Yo creo que hemos sintonizado y punto.

LOCUTOR En fin... si tú lo dices, no sé, tú misma... Eeeh...¿Cómo dices que se llama?

MARÍA Se llama Jaime.

LOCUTOR Bueno, pues para ti, Jaime, va esta canción.

LOCUTOR Y vosotros ya lo sabéis, si queréis mandar un mensaje de amor, una felicitación, o alguna chorrada por el estilo, lo podéis hacer ahora mismo, en directo.

RADIO 1 ...cielos despejados y una temperatura la mar de agradable. Bueno, aprovechen el día para lo que quieran, pero a ser posible, olvídense del coche... a estas horas mucho...

RADIO 2 (OFF) ...¡¿Qué nos queda?! ¿Eh? ¡¿Qué nos queda?!... ¡El mundial!... Disputa el campeonato mundial...

RADIO 3 (OFF) ... Es la una de la tarde, mediodía en Canarias... se complica el futuro de Europa...

LOCUTOR Última oportunidad para llamar... No os cortéis y decidle a quien queráis lo que os de la gana y no lo dejéis para otro momento. El número, el número es el 943365482. Repito por si acaso, 943365482.

LOCUTOR Tenemos una nueva llamada. Hola, ¿con quién hablamos?

HOMBRE Hola buenas tar...

LOCUTOR Pues empezamos bien. Te importaría apagar la radio...

HOMBRE Sí, sí... perdona ¿eh? perdona.

LOCUTOR Así está mejor. Si es que me vais a dejar sin oídos... A ver, dime ¿Con quién hablamos?

HOMBRE Con... Manuel Ezeiza,... Manolo... Manolo de Donosti.

LOCUTOR Muy bien... Manolo de Donosti. ¿Y a quién quieres enviar tu mensaje?

HOMBRE Pues la verdad es que no lo sé,... o sea, que no sé su nombre... Pero sé seguro que nos está oyendo.

LOCUTOR Pues como no des más detalles... todas nuestras oyentes se pueden dar por aludidas... Bueno, igual el mensaje puede darnos alguna pista. Adelante, cuando quieras.

HOMBRE Sí bueno,... eh... Llamaba porque... porque me he fijado que te has dejado parte del vestido fuera del coche. Te lo has pillado con la puerta y... y... bueno,... yo no te conozco, pero vamos,... he visto que te has pillado el vestido y te he visto cantando y... bueno he pensado... querría... vamos... quedar contigo... o tomar algo o... no sé.

LOCUTOR ¡Eh! Bueno, bueno, a ver, para el carro... Que es que cuando os embaláis, no se os entiende nada... Esto es un poco surrealista. A ver, para aclararnos. Le estás pidiendo una cita a una cantante que va en un coche con el abrigo fuera. ¿Y cómo sabe que te diriges a ella?

HOMBRE No, no, no. Todavía no lo sabe. Está sonriendo, como si esto no fuera con ella...

LOCUTOR Pues dale alguna pista, para que se aclare. ¿Cómo es ella? ¿Qué hace?

HOMBRE Pues lleva algo rojo... ahora se toca la nuca con su mano y ahora el pelo... que es muy oscuro. Y ahora parece que empieza a darse cuenta. Sí, sí, definitivamente se ha dado cuenta.

LOCUTOR Bueno yo, perdona pero no me estoy enterando de nada. A ver ¿Dónde estáis?

HOMBRE Hombre pues la verdad es que prefiero no decirlo... Puede que aquí alguien más nos esté escuchando y prefiero...

LOCUTOR ¿Y prefieres...?... ¿Manolo?... Bueno, parece que se ha cort...

HOMBRE ... que prefiero que no se sepa donde estamos.

LOCUTOR ¡Supongo que no lo dirás por timidez! A veces no hay quien os entienda. O sea que no te *da palo* llamar a la radio y dar tu nombre, pero te corta decirnos dónde estás... en fin... Oye... dime una cosa... ¿Cómo has sabido que ella nos está escuchan...

HOMBRE ... la he visto cantando.

LOCUTOR Bueno, y si le estás viendo a ella, ¿Por qué no te acercas y le dices lo que quieras directamente? ¿Sigues ahí Manolo?

HOMBRE ¿Eh?... Sí, sí, sí, sí...

LOCUTOR Que digo, chico, que si quieres una cita con ella, vas a tener que convencerla. Porque con la de cosas que se oyen por ahí, a ver, ¿quién le dice a ella que tú no eres, eeh... no sé... un psicópata?

HOMBRE ¿Y quién me dice a mí que no es ella la psicópata?... Se trata de asumir riesgos, ¿no? Yo tampoco te conozco. Yo tampoco sé si estás casada, o si tienes novio, o si tienes un muerto en el maletero... A mí no se me dan bien estas cosas... he pensado que estaría bien quedar contigo, y... yo qué sé... he pensado que estaría bien.

LOCUTOR Bueno, Romeo, se nos acaba el tiempo... Hombre, lo que está claro es que esto de la radio no es lo tuyo, eh... pero bueno... yo creo que una oportunidad, por lo menos ya te mereces... ¿por qué no le dices donde te puede encontrar? A lo mejor tienes suerte.

HOMBRE No sé... yo tampoco quiero forzar la situación. Mira yo tengo que parar en la siguiente gasolinera... si te apetece pues allí nos vemos.

LOCUTOR Bueno, Manuel, pues gracias por tu llamada, y a ver si hay suerte y ella aparece en la gasolinera. Bueno, y con esta llamada nos vamos. No olvidéis que mañana estaremos otra vez,...

MUJER Me quedé sin gasolina. Oye.

Lección 10

Cinemateca: *Las viandas*

Director: José Antonio Bonet
País: España

COMENSAL Buenas tardes. ¿Todavía se puede comer?

MAÎTRE Por supuesto. Leonora, el abrigo del señor. ¿Me acompaña, por favor?

MAÎTRE ¿Desea un aperitivo?

COMENSAL No, gracias.

MAÎTRE El señor Papandreu, nuestro chef, prepara un excelente *dry martini*...

COMENSAL No, de verdad. Dígame... el menú del chef... ¿es muy pesado?

MAÎTRE No, señor.

COMENSAL Tomaré eso, entonces.

MAÎTRE ¿Desea ver la carta de vinos?

COMENSAL No, una jarra de agua, por favor.

MAÎTRE El primer plato del menú, señor. Sopa de judiones con tocino y salchicha vienesa. El señor Papandreu, nuestro chef, ganó un premio con este plato.

COMENSAL ¿No le parece un poco... contundente?

MAÎTRE No, señor.

PADRE ¡Papandreu, eres un genio! ¡Esta es la mejor tarta que he probado en mi vida!

CHEF No, no, gracias. Muy amable.

NIÑAS ¡Está exquisita, señor Papandreu!

CHEF Usted es nuevo aquí...

COMENSAL Sí, estoy de paso.

CHEF ¿Veo que le han gustado los judiones?

COMENSAL Sí, mucho.

CHEF ¿Estaban sabrosos?

COMENSAL Sí. No sé si voy a poder con el segundo plato...

CHEF ¿Es una broma? Bonita broma.

PADRE ¡Viva Papandreu!

TODOS ¡Viva!

COMENSAL Pero... ¿otra vez judiones?

DONCELLA Es un obsequio del señor Papandreu. Como ha visto que le gustan, le invita a repetir sopa con algunas variantes.

COMENSAL Gracias, pero es que... no quiero más sopa.

DONCELLA Aquí no aceptamos negativas, señor.

CAMARERO No se ha tomado la sopa.

COMENSAL No. Está buenísima. Lo que pasa es que todavía falta el plato principal...

CHEF ¿Por qué devuelves comida?

CAMARERO El de la cuatro, que no tiene hambre. No le gusta.

CHEF ¿El nuevo devuelve comida?

CAMARERO Sí, sí, sí.

CHEF ¡Esto es una ofensa! ¡Nadie devuelve nunca comida a Papandreu! ¡Papandreu es un artista! ¡Papandreu es [el] número uno! Un artista. Cofradía Cuchara Real. Nadie ofende a Papandreu.

MADRE ¿Pero qué ha pasado?

NIÑA Ha rechazado la sopa.

DONCELLA El plato de pescado. Besugo al horno estilo imperial. Con este plato, el señor Papandreu fue considerado el mejor cocinero de Europa.

COMENSAL ¡Pero qué barbaridad, un besugo entero!

CAMARERO ¿Cómo le gusta el cochinillo? ¿Crujiente o poco hecho?

COMENSAL ¿Pero ahora un cochinillo? ¿Está loco? ¡Tráigame la cuenta, por favor!

CHEF A lo mejor prefiere usted otro plato en lugar de pequeño cochino...

COMENSAL Es que estoy lleno, de verdad...

Film Collection Video Script

CHEF Debe ser el vino. No se puede comer sin vino.

MAÎTRE Romané Conti del trigésimo año. El mejor vino de nuestra bodega, señor.

CHEF Con esta receta recibí alabanzas de la Reina de Inglaterra, el Dalai Lama y el Papa.

COMENSAL ¿El Dalai Lama no era vegetariano?

CHEF Hizo excepción. Buen provecho.

COMENSAL Oiga, disculpe, dígale al señor Papandreu que agradezco mucho el detalle, pero que yo no voy a comerme esto.

CAMARERO ¿Su religión le impide comer cerdo?

COMENSAL ¿Qué está diciendo? Es mucho más sencillo que todo eso... ¡No me cabe más comida!

CAMARERO Pero, señor, la carne es el plato más importante del menú.

COMENSAL Muy bien, mire. Ya está, ya lo he probado. Exquisito. Y ahora, lléveselo.

MAÎTRE Señor, nos está poniendo a todos en un serio compromiso. Debe comerse el cochinillo de inmediato.

COMENSAL ¿Pero es que no lo entiende? ¡No puedo más!

ABUELA ¡No puedo más! ¡No puedo más!

MAÎTRE Cómase el cochinillo, señor. Cómase el cochinillo.

COMENSAL Muy bien, me lo comeré. Pero antes... tengo que ir al servicio.

COMENSAL ¡Perdóneme, señor... pero, tengo que pedirle ayuda! Bueno, usted mismo lo está viendo. ¡Quieren que me coma un cochinillo! ¡Pero están locos! ¡Yo no me puedo comer ese cochinillo!

HOMBRE No se preocupe. Lo he visto todo, y tiene razón, le comprendo. Confíe en mí. Hablaré con Papandreu.

COMENSAL No sabe cuánto se lo agradezco...

CHEF ¡Ésta es mi receta más ambiciosa! ¡Jabalí relleno de setas, castañas, cebollas y sus propias vísceras! Ha elegido usted muy bien, este plato es muy superior al pequeño cochino. ¿Pero por qué no dijo usted antes? Yo hubiera cambiado... ¡Adelante, pruébelo! ¡*Bon appétit*!

NIÑA Se está yendo sin pagar.

MAÎTRE ¿Pero dónde va?

COMENSAL ¿Cómo que dónde voy? A mi coche. ¡No quiero comer más! ¡No quiero comer más!

CHEF ¡Ahora vas a saber quién es Papandreu!

COMENSAL ¡No quiero comer más! ¡No quiero comer este jabalí ni quiero comer nada!

CHEF ¡Quieto! ¡Vas a comer jabalí como niño bueno! ¡Come! Come jabalí primero. Ahora un poco de fruta. Abre boca. Fruta. Un poco de fruta. Y ahora, vísceras. ¡Prueba! Esto es arte, ¡arte, ignorante! Papandreu un artista y tú un cerdo ignorante.

ÉL (*En francés, con subtítulos*) Es asqueroso, ya lo sé. Pero este hombre no debe amargarnos la cita...

ELLA (*En francés, con subtítulos*) Sí, pero... es tan desagradable...

ABUELA Tener que presenciar esta escena dantesca, en mi noventa y siete cumpleaños...

CHEF ¡Leonora! ¡El postre! ¡El postre! ¡Papandreu artista genial, genial!

MAÎTRE Su cuenta, señor.

DONCELLA Su abrigo, señor.

MAÎTRE Leonora, guarde el abrigo del señor. ¿Me acompaña por favor? Es la hora de cenar.

MAÎTRE ¿Y su señora madre? Lo siento. Parecía tan llena de vida.

Lección 1

Cinemateca: *Momentos de estación*

Director: Gustavo Cabaña
Country: Argentina

PASSENGER I'm in love with you.

CASHIER What?

PASSENGER I love you

CASHIER No, it can't be.

PASSENGER I had to tell you today. It's my last trip.

CASHIER This has to be a joke.

PASSENGER No, it's no joke, Ana.

CASHIER How do you know my name?

PASSENGER I found it out; it wasn't difficult.

CASHIER No one hardly ever calls me by my name.

PASSENGER It's a beautiful name.

LADY Hey! Juan, what's going on?

JUAN He loves her; she doesn't believe him.

CASHIER Who's next?

PASSENGER Listen to me, Ana, please.

JUAN He loves her; she doesn't believe him.

JUAN Excuse me for interrupting, but what makes you think this is a joke?

CASHIER I don't know...

JUAN Believe him. He seems like a good guy.

CASHIER It's just that we don't even know each other.

PASSENGER We've known each other for more than a year. You're the one that always waits on me. I'm the one that goes to the capital.

CASHIER Everyone goes to the capital.

PASSENGER Exactly 375 times, not counting today. Look... here they all are: 375 tickets, one by one. Except the ones from that week when you were sick with the flu; I keep them as a souvenir.

CASHIER What do you want from me?

PASSENGER To dance.

CASHIER Dance?

PASSENGER To dance, to hug you, to kiss you...

CASHIER Not now, I can't, I'm working.

LADY Sometimes, your whole life goes by without anything wonderful happening to you. It's been eleven years since my husband died. You know, son, it's been so long since I've been kissed!

Lección 2

Cinemateca: *Espíritu deportivo*

Director: Javier Bourges
Country: Mexico

CORSARIO If you think that it's easy for us ghosts to return to the land of the living you're so wrong. You have to save up invocations for a chance to come back for a short while… and only as a spirit. But I didn't know that the first time. I was at my funeral when all of a sudden…

ASSISTANT Silence!
CORSARIO Well, I'll let the media bring you up to speed.
REPORTER Thank you. This is to inform you that this morning Efrén "The Pirate" Moreno died of a heart attack. Mexican soccer idol of the 50's, he was, in his day, one of the best forwards in the world. Relatives, friends, and ex-teammates mourn the final blow of the whistle for this star soccer player. We will, without a doubt, miss the scorer of the great scissor-kick goal that eliminated Brazil from the Honduras World Cup in 1957.

REPORTER Don Tacho, is it true that you passed to him for that famous goal?
TACHO Of course! I sent him about twenty passes to the penalty box, but he only scored that one time.
JUANITA Lies! Tacho Taboada is a liar. Everyone knows that he was a benchwarmer.
TACHO …but The Pirate was always uh… very inexperienced. Except when it came to women… oh no, even back then he was a hit with the ladies! He always scored on them!
JUANITA My old man, he never went out to the field unless he was wearing under his uniform the silk shorts that I embroidered with our initials. Do you think if he were a womanizer he would do that? Do you think so, Miss? He wanted to be buried in them, and with the soccer ball signed by all the teammates that played with him in that game with Uru… with Brazil. He will go to his grave with his trophies and his uniform, like a great hero, Miss!

MARACA Poor Juanita. She's devastated.
TOCAYO It's a tragedy.
MARACA Let's get some coffee, ok?
TOCAYO Let's go.

TACHO …because I gave the pass to The Pirate, but he'd already gone into the goal zone and when he came back, he slipped, fell to the ground, and scored the goal.
MARACA Stupid Tacho, you're such a liar. You're wrong. You didn't even go to that World Cup. What's more, one hundred pesos says I can prove it.
TACHO And a hundred more says that I was at the game!
MARACA You're on!
TOCAYO Let's do something: let's go get the ball before mass ends and they shut the casket.
TACHO How can you even think of something like that?
TOCAYO Because all of our signatures will be there. That'll show who is right, you or us.

PRIEST Good evening.
ALL Good evening.
MARACA Good evening, Father.

PRIEST Madam.
JUANITA Good evening, Father.
PRIEST Child. I've come to give the mass, Madam.
JUANITA Mass?
PRIEST It's part of the package.
JUANITA Oh, it's part of the package… child, go find your fath… eh, talk to your godfather, tell him that I need him… Father…

MARACA Yeah, man, he's a liar.
TOCAYO I promise you he's gone.
MARACA No, no, he's going to come, you just have to wait.
TOCAYO Look there he is. There he is.
MARACA Ah, there it is. Let's see, let's see Tacho, let's see…
TOCAYO Now, now.
CHINO Look, here's the proof, Tacho.
MARACA Let's see, where's your signature?
TACHO It must be here.
MARACA No. No. It's not here. Come off it. Pay the one hundred pesos.
TACHO It's been erased…
MARACA No. No. You owe me two hundred pesos.

TACHO It's been erased!

MARACA No one erased anything. Bring it here.

CHINO No, no! What are you doing?

ALL Ay, Tacho! We all know you're a liar!

BALTI Watch out!

PRIEST In the name of the Father, the Son, and the Holy Spirit. Amen. Let us prepare to receive Communion in silence, so that each one of us acknowledges his sins, and finds forgiveness.

JUANITA Womanizer!

VÍCTOR HUGO The Pirate Moreno? No way! I've never heard of that guy.

MARACA Because you're only children.

LUIS And my guitar? You broke it.

TOCAYO But that was an accident, you saw that the minibus came by.

MARACA Yeah, you're all punks!

TACHO Then, you haven't heard of me?

VÍCTOR HUGO No, well no.

TACHO I'm "Tacho" Taboada, and I played in three championships as a forward for the national team.

MARACA So did I.

BALTI What team? From what old folk's home?

TACHO Better that than kindergarten!

VÍCTOR HUGO If you don't pay my buddy here for the guitar, we're not giving back your ball. How do you like that?

CHINO Guys, please.

VÍCTOR HUGO Do you want it? Well, let's play a little ball for it, how about that?

BALTI Three goals.

TOCAYO In our day, we would have wiped the floor with you, but right now we are mourning The Pirate Moreno. Have a heart.

JOSÉ LUIS You're chicken.

TOCAYO Chicken?

MARACA We're not chicken.

TOCAYO You're on for three goals. How about that? We're on.

TACHO Here goes! Here goes!

TOCAYO Choose a goal.

PRIEST We are here to ask our Lord to receive his servant, Efrén, always such a role model to his family, to his community, to his team.

TACHO Over here. Shoot it. Pass it.

VÍCTOR HUGO Goal! There it is! Take that, old man! Goal!

TACHO What's wrong with you?!

CHINO Our Pirate who art in Heaven, inspire us! It's only three.

PRIEST Let's pray that his soul is with the Lord. Let us pray.

MARACA Let's concentrate guys. Don't play man-to-man; they're very fast. We have to play zone, and the fastest up front.

CHINO And who are the fastest?

LUIS Come on! It's not American football. Are you going to play or what?

TACHO Be patient boys, here we come. Form a triangle, that's what The Pirate would have told us.

CHINO Of course, it's true.

MARACA Well, then let's form a triangle.

ALL Uh, uh, uh, uh, uh, uh...

MARACA Ya, ya, ya.

JUANITA There was no other, right? Give me a sign.

CORSARIO At last! Enough invocations. They gave me a chance to...spiritualize during mass.

TACHO Shoot it!

CORSARIO Maybe because they thought I would stay. I wasn't going to miss the last street match. Ay! And now? Oh, I know. Come on, Maraca, loosen up, I'm coming to you!

TACHO Get rid of it! Over here!

TOCAYO Pass it, pass it. Here I come!

TACHO Goal!

TOCAYO Goal!

CHINO Goal!

PRIEST Resignation. And forgiveness! Two very difficult words. But who better than our brother Efrén knew how to apply them to everyone in his community. On the field, with his family. How could we forget how... he brought his whole team together. He took it all on his shoulders. How he galloped down the right side. He ran, cleared one, dribbling another. He ran center, stopping the ball with his chest, and... a goal on the fly! This... I tell

Lección 2 Film Collection Script Translations

you this in a figurative sense, because our beloved brother Efrén was a soul full of goodness and kindness. Let us pray.

TOCAYO It's coming, it's coming.
CORSARIO It's your turn, Tocayo.
TACHO It's mine. Pass it, pass it.
TOCAYO You've already got it. Mine, mine, mine.
CORSARIO Give it all you've got! And now you, Tacho. Move from your heart.
ALL Goal! Goal!
CORSARIO Well, enough. I have to get to mass.
TODOS Come on!... No!

CORSARIO Juanita was still waiting for a sign. I couldn't waste what I learned on the field.

TACHO We can't take it back like this.
MARACA No, I guess not.
VÍCTOR HUGO And, why don't we trade it? Yeah, I sure would like to keep it. It has all your signatures on it, right?
MARACA Yes, the five of them.
TACHO Mine is here where it split.
MARACA Yeah, yeah.
VÍCTOR HUGO Well then, what?
TACHO It doesn't matter anymore.
VÍCTOR HUGO Ok, give him the guitar.
TACHO You're on.
JOSÉ LUIS We'll sign it later.
BALTI That was a good goal, huh?
TACHO Championship-like.
VÍCTOR HUGO Thanks, thanks. Good luck.
ALL See you later, ok? Take care of yourselves. I hope things go well. See you later.
TOCAYO Good luck, guys.

CORSARIO I don't know how long the exchange lasted... Here in the beyond, time doesn't exist.
PRIEST Mass has ended.
ALL Let's give thanks to God.
JUANITA Goodbye, old man. It doesn't matter anymore. Thanks.
CORSARIO And the tie is eternal.

DAUGHTER Dad, where were you? Mom's been looking for you since mass started.
TACHO Let's go, child.

Lección 3

Cinemateca: *Adiós mamá*

Director: Ariel Gordon
Country: Mexico

WOMAN You look like my son. Really, you are identical to him.

MAN Ah well no, I don't know what to say.

WOMAN Your features are identical.

MAN Really?

WOMAN You have the same eyes as him. Can I touch you?

MAN No. No, no. Excuse me.

WOMAN He would say the same thing. He is shy and a man of few words, like you. I know you aren't going to believe me, but you have the same tone of voice.

MAN What do I care?

WOMAN He died. In a crash. The other driver was drunk. If he were still alive, he would be the same age as you. He would have graduated, and he'd probably have a family. And I would be a grandmother.

MAN Please don't cry.

WOMAN You know? You're his double. God has sent you. Blessed be the God that has permitted me to see my son again.

MAN No, don't get upset, life goes on. You have to keep going.

WOMAN Can I ask you a favor?

MAN Ok.

WOMAN I never had the chance to say goodbye to him. His death was so sudden. Could you at least call me mom and say goodbye to me when I go? I know you think I'm crazy, but it's just that I need to get over this.

MAN Well, I...

WOMAN Please!

MAN Ok.

WOMAN Mom!

MAN Mom.

WOMAN Goodbye, son!

MAN Goodbye, Mom!

WOMAN Goodbye, love!

MAN Goodbye, Mom!

CASHIER I don't know what's going on, the machine doesn't recognize the item. Wait a second for the manager to come.

MANAGER That is all.

CASHIER Thank you.

MANAGER You're welcome.

CASHIER That's 3488 pesos and 20 cents.

MAN What? That can't be.

CASHIER No, it's right.

MAN But Miss, it's only three things!

CASHIER Plus everything your mother took!

Lección 4

Cinemateca: *Éramos pocos*

Director: Borja Cobeaga
Country: Spain

JOAQUÍN Julia! Fernando!

FERNANDO What? Come on, it's Sunday...

JOAQUÍN Your mother isn't here.

FERNANDO And what are you telling me for?

JOAQUÍN Fernando, come on, get up!

FERNANDO Why are you barefoot?

JOAQUÍN Because I can't find my slippers.

FERNANDO And are you sure that she's gone just like that?

JOAQUÍN It seems so.

FERNANDO And she didn't leave a note or anything?

JOAQUÍN I don't know. Maybe, in the living room...

FERNANDO Of course, of course, it's probably in the living room.

JOAQUÍN The television is gone. She took it.

FERNANDO Dad! I think I've found your slippers.

FERNANDO Dad... Is that her...? Let's go say hi.

JOAQUÍN She doesn't look well.

FERNANDO Hi, Grandma.

LOURDES Hello.

FERNANDO It's been a while, huh?

LOURDES A long time.

FERNANDO Look, Dad, it's Grandma.

JOAQUÍN Hello.

LOURDES Hello.

JOAQUÍN I'm your son-in-law, Joaquín. I don't know if you remember me...

LOURDES Did you come to get me out of here?

FERNANDO Yes...

LOURDES Well, then let's get going, okay? I'll get my things...

FERNANDO We'll take her with us, right? She wants to come.

JOAQUÍN I don't know. She doesn't look good to me. She's never given me a hug like that in her life.

FERNANDO That's because she's happy to see us.

JOAQUÍN We shouldn't rush into this, Fernandito.

FERNANDO It makes sense to me, Dad.

LOURDES I'm ready. Shall we go?

JOAQUÍN Lourdes, I didn't tell you before, but your daughter isn't at home, you know?

LOURDES Okay.

JOAQUÍN She's gone away for a few days.

LOURDES It doesn't matter... we'll manage.

LOURDES And my bedroom?

JOAQUÍN We can set it up in a moment. Since you left, we've been using this room for storage, but we can fix it up quickly... Fernando!

LOURDES Don't worry, it's fine...

JOAQUÍN Fernando! Fernando, lend a hand here. Bring sheets.

FERNANDO Where are they?

JOAQUÍN Where would they be? They'd be... Hurry up, because Grandma wants to go to bed. Together again, huh? Mothers-in-law and sons-in-law don't usually get along, but in our case it's always been different, isn't that right?

FERNANDO There aren't any. Should I lend her my sleeping bag?

JOAQUÍN How is your grandmother going to sleep in a sleeping bag? Look for the sheets, go on. They have to be somewhere. Good... Well, this is ready.

JOAQUÍN I think she's noticed.

FERNANDO What?

JOAQUÍN She knows why we've brought her here.

FERNANDO What are you talking about?

JOAQUÍN Doesn't she seem too... happy?

FERNANDO What she is is a little...

JOAQUÍN It must be that. Okay.

FERNANDO I remember a lot about you, Grandma. On Sundays you'd make paella. It always came out great. With peppers, chicken, peas, ribs. Do you still make it?

LOURDES Yes.

FERNANDO Good, Grandma, you'll be just fine here. We're going to treat you like a queen.

LOURDES Yes.

JOAQUÍN Fernando! Grandma!

FERNANDO What's the matter?

JOAQUÍN She's taken off.

FERNANDO What? Did you check the kitchen?

JOAQUÍN No. We should have locked the door.

FERNANDO At any rate, she left us a meal.

JOAQUÍN She's so mean.

FERNANDO She didn't leave us anything either.

LOURDES Hello.

FERNANDO AND JOAQUÍN Hi!

LOURDES Well... What? Aren't you going to eat?

JOAQUÍN This may seem exaggerated, Lourdes, but it's just that Julia has been away for a long time and...

FERNANDO A long, long time...

JOAQUÍN You don't know what this tortilla means to us...

LOURDES And what do you plan to do? Take a picture of it and put it in a frame? Well, I'm going to tidy up the living room and in the meantime, get eating.

FERNANDO Grandma!

LOURDES What?

FERNANDO Did you buy Coca-Cola?

JOAQUÍN Don't shout...

LOURDES No, I didn't get Coca-Cola, but I'll go down in a minute...

FERNANDO No, it's okay. If that's the case, I'll drink something else.

LOURDES Don't talk nonsense and keep eating.

FERNANDO Grandma...

LOURDES What?

FERNANDO Please get Diet.

LOURDES Let's see if you like it.

FERNANDO Grandma, drink a little, okay? We have to celebrate this.

LOURDES No, you drink.

JOAQUÍN Yes, come on, Lourdes, a little.

LOURDES Okay, allright.

FERNANDO Grandma, say something.

LOURDES Well... I'm very happy to be home... again.

FERNANDO That's the ticket!

JOAQUÍN It's getting late, Lourdes. Let's go to bed.

LOURDES You've behaved very well with your mother-in-law.

JOAQUÍN For God's sake, you're the one doing us a favor.

LOURDES Nonsense! Nonsense!

JOAQUÍN You'll see when Julia comes back and sees how well you've taken care of us.

LOURDES Do you think Julia will come back? I don't think so... It's better. So it's just the three of us. I'm sorry...

JOAQUÍN Julia? It's me... Don't hang up on me, okay? It's important. It's about your mother. I know it was me who insisted that we put her in a home but now she's here with us. I'm doing this to ask for your forgiveness and for you to see that I can change... Julia!

JOAQUÍN Julia, listen to me, please... I'm telling you the truth. I can't put her on now because she's out with Fernandito doing errands, but I swear I'm not lying. What do you mean you're with her right now if she only left here ten minutes ago? Yes... huh? Okay, Julia, okay.

FERNANDO Dad, what's the matter?

LOURDES Well, I'm going to make something to eat. You must be hungry.

JOAQUÍN I have something to tell you...

FERNANDO What's the matter, Dad? Don't leave me hanging.

JOAQUÍN Nothing's the matter, son... What did you buy?

FERNANDO Grandma bought some chops. They're like this. We're going to stuff ourselves.

JOAQUÍN Sure.

LOURDES It'll be ready in a moment.

JOAQUÍN Oh, this looks so good!

FERNANDO We bought them in the market. Hey, José Luis the butcher didn't remember grandmother.

JOAQUÍN José Luis is old... he forgets things.

Lección 5

Cinemateca: *El anillo*

Director: Coraly Santaliz Pérez
Country: Puerto Rico

GUEST Girl, what a beautiful ring! Arnaldo's gone all out.
FIANCÉE Yes, I know. Excuse me, I'm going to the bathroom.

GUEST 2 Ugh, this contact!

GUEST 3 If you just stopped your nonsense and paid for my eye operation.
GUEST If you weren't so arrogant, we wouldn't be so broke.

MANAGER How many times do I have to throw you out?
BEGGAR I want something to eat. Besides, I found a diamond engagement ring. Come look at it.
MANAGER Well that's good. Now.
BEGGAR But it was here. But, I swear it was here!
MANAGER Let's go, let's go, before I call the police. Now man.
BEGGAR Come on, give me something to eat.
MANAGER Goodbye, man, goodbye.
BEGGAR Come on, give me something to eat.
MANAGER Goodbye, goodbye.
BEGGAR I swear. Look, let me in. It was here. Darn, but where is it? Give me something to eat, even the leftovers, man. Darn, if it... Look. It was here. It was here, darn it!

GIRLFRIEND Hey, someone's in a good mood today!
WORKER In a really great mood.
GIRLFRIEND Wow! I can't believe it, my honey! You've gone crazy! Yes, yes! I'll marry you! I have to call Mom. Let me call her. Honey, you've gone crazy.
WORKER Baby, baby... I didn't buy it. No, no, I was cleaning in the restaurant and I found it, you know? This works out for us because it's worth something, worth pesos. We can sell it.

GIRLFRIEND That's all you care about!
WORKER But, my love, don't get like that, girl, what are you doing? No, girl, what are you doing?

MAN Good evening, senator.
SENATOR Good evening.
MAN Let me help you. Have a good night.
HOSTESS Senator!
SENATOR Good evening.
HOSTESS You've arrived at last.
SENATOR There was a terrible traffic jam.
HOSTESS On a Sunday night?
SENATOR Well, you know how things are. If you'll excuse me, I have to go to the ladies room.

SENATOR One hour and I'm leaving, I can't take any more!

FIANCÉE Oh God.

FIANCÉE Oh honey, I left the ring in the bathroom again.
BOYFRIEND It's a miracle that nobody took it.

Lección 6

Cinemateca: *El día menos pensado*

Director: Rodrigo Ordóñez
Country: Mexico

INÉS I made you something for breakfast. Come on, it will be quick. No, Julián, no. It's better not knowing.
JULIÁN Good morning, Ricardo!
RICARDO Good morning, Don Julián!

JULIÁN There's no news, right?
INÉS Nothing, since I turned it on every channel is showing the same movie. Come eat something.
JULIÁN Inés, we have to go.
INÉS They say everything will get better. That if not, it's a matter of waiting until the rain comes.
JULIÁN Yes, but we can't trust that. Not at this stage.
INÉS And where are we going to go? How are we going to leave the city?
JULIÁN I don't know.
INÉS But they say there are vandals at all the exits. And that they're very upset because they were the first to be left without water.
JULIÁN I'm not saying it won't be dangerous. But when our water runs out we'll have to leave anyway.
INÉS What are you doing?
JULIÁN Come on old lady, don't be vain.

RICARDO You stay calm, Don Julián. We're both equally screwed.
JULIÁN Well you're going to be even more so if you don't get out of here right now... equally screwed.

INÉS Did something happen?
JULIÁN We don't have any more water.
INÉS On TV they said that...
JULIÁN It doesn't matter what they said. It ran out!
INÉS This morning I saw the tank, it's almost full.
JULIÁN It's contaminated and you know it.
INÉS That's not true. I took out a bucket and gave it to the dog. She looked so bad.
JULIÁN Inés, the water is poisoned. All of the city's water is poisoned.
INÉS It's not true, it's not true, it can't be true.
JULIÁN Where did you put it?
INÉS Leave me alone.

JULIÁN Look for yourself, Inés. Everything's already run out. Even if they managed to bring water to the city they can't distribute it. The piping is contaminated from the accident. No help will arrive in time and especially not here.
INÉS But I don't want to leave my house.

JULIÁN You can take a few if you want.
INÉS No, I don't want anything.
RICARDO Don Julián, I came to apologize for this morning.
JULIÁN Forget it, neighbor. With a small child I would have done the same. Above all when dealing with old people like us.
RICARDO No, what happened... don't say that, Don Julián.
JULIÁN It's the pure truth, Ricardo. And when did the water run out for you?
RICARDO The day before yesterday, we realized it that night.
JULIÁN And you stayed there, next to the tank, waiting for someone to neglect theirs, right? Ricardo, do you want to come with us?

INÉS There are people, Julián, there are people. They're going to kill us, Julián, they're going to kill us. For no other reason than that we come from the city. None of this is our fault. Where are you going, Esther?
JULIÁN Esther!
INÉS Esther, wait!
RICARDO Are you crazy? Are you crazy?
ESTHER It's really not his fault.
JULIÁN Nothing is going to happen to us, Inés. What can they do to us? We're all in the same boat.

Lección 6 Film Collection Script Translations 99

Film Collection Script Translations

Lección 7

Cinemateca: *Happy Cool*

Director: Gabriel Dodero
Country: Argentina

TEXT Buenos Aires - 1997

JULIO Pablito, why are you freezing ants?

PABLITO Can't find work? Freeze yourself. *Happy Cool,* the company that freezes you.

JULIO Listen to me. Don't be disrespectful to me, Ok? You hear me?

MABEL Leave him alone, Julio. He's freezing ants because he sees the advertisements on TV.

JULIO I've come back from looking for work and I can't find anything, and on top of that, I have to see this. The kid has lost respect for me, and I don't know what to say to your father, who's putting us up. It seems that I'm a good-for-nothing after all.

MABEL My love, it's not your fault, it's the situation. We love you, fool.

JULIO How's it going, Daniel?

DANIEL How's it going, Julio? How are you?

JULIO I've already been to five places and nothing.

DANIEL Have you been unemployed for long?

JULIO It's been two and a half years.

DANIEL Two and a half years? It's been three for me, Julio. Three! If this goes on, I'm going to freeze myself and see you later. With that *Happy Cool.* Did you see it?

JULIO Yes, yes.

DANIEL And see you later...

JULIO Freeze yourself. They're crazy.

TV Don't go away because after the break there are more prize drawings.

ANNOUNCER You're tired of looking. Have you thought that perhaps this isn't your time?

JULIO Can you pass me the salt?

FATHER-IN-LAW Shhh...

ANNOUNCER There's no work, but there is a company that's thinking about you, *Happy Cool,* with the technology that helps you wait for better times. Times of investment, of full employment. The future that we all dream about. Now you can wait until the year 2015, or 2100 or any year you want.

Freeze yourself! And live the rest of your life in the opportune moment. *Happy Cool,* there's a better future. Freeze yourself and wait for it.

JINGLE *Happy Cool,* the company that freezes you.

JULIO What craziness.

MABEL Now they don't know what else to invent. I don't know why they just don't give work to people and that's that.

MOTHER-IN-LAW What's happening is that people are desperate and will do anything.

FATHER-IN-LAW It doesn't seem bad to me at all. If technology is used to solve social problems.

PABLITO I want chocolate.

MABEL There isn't any. Don't be a brat. Your poor grandfather, he has to put up with us.

FATHER-IN-LAW Here, here.

MABEL No, Dad, no. Help me clear the table.

MOTHER-IN-LAW You're not eating any more Julio?

JULIO No, no.

FATHER-IN-LAW Look, Julio. It seems to me that this freezing thing would be good for you. I know many people with the same problem you have that are thinking about doing it.

JULIO I understand, Don Gerardo, but I've never been in this situation before. I always worked, maintained my family. And now if it weren't for you... You are the only family I have.

FATHER-IN-LAW Freeze yourself, come on. Or are you scared?

JULIO No. I'm not scared. It's just that I don't want to leave Mabel alone.

FATHER-IN-LAW Don't worry, because I'll take care of her. I'm already doing that, anyway.

JULIO Yes, I know. It's one thing to help your daughter and your grandson and another to have me here as well like a parasite. But listen to me, Don Gerardo, give me a little more time, a week, ten days, I think that I'll be able to get something. It's hard, you know? But I think that something will turn up.

FATHER-IN-LAW One week. Not one day more. If in that time you don't find something, I'll give you the cash, you freeze yourself and stop pestering me. I can't do anything more for you. I have my own problems, too. I won't feed more slackers. That's the end of it.

JULIO Look, Mabel, I might have to freeze myself. Just for a little while. I think that in one or two years things will be better.

MABEL But Julio, what are you talking about? How can you think about something like that? Look, if this doesn't get better until the year 2080, what will I do without my little Julio?

JULIO I think that this is the best for everyone. Seriously.

MABEL No.

JULIO I thought I would stay here. My father-in-law is pressuring me and he treats me like a slacker.

DANIEL You're making too much out of this, Julio. We have the solution within reach. Let's freeze ourselves and see you later.

JULIO Stop fooling around…Daniel.

DANIEL C'mon. Do you remember how when we were kids we thought that in the year 2000 technology was going to be so powerful that we wouldn't need to work? You see? We were right, Julio.

SALESMAN Looking for work, boys? I'm asking because you have the newspaper.

JULIO Yes…

SALESMAN Did you know that according to the economic projections, the market studies, by the year 2010, they predict a demand of 30 million workers?

DANIEL 30 million, Julio!

SALESMAN But until that time unemployment will continue.

JULIO So many market studies, so much marketing and they never get it right. They're always saying that the money will come, and it never comes.

SALESMAN Well, until that time you have to wait. If you wait until the year 2010, 2020 at the latest, problem solved, boys! *Happy Cool,* my friends, *Happy Cool!*

DANIEL This is amazing, Julio, just what I need. Goodbye to everything, I'm freezing myself. Where do I sign?

SALESMAN There at the bottom.

JULIO What are you doing, Daniel? Don't do stupid things.

DANIEL Julio, you go right ahead and keep walking around, waking up at five in the morning, waiting in line. Me, I'm going to freeze myself and see you later!

FATHER-IN-LAW Freeze yourself, come on.

DANIEL We have the solution within our reach. We freeze ourselves and see you later.

PABLITO *Happy Cool!*

DANIEL Do you remember how when we were kids we thought that in the year 2000 technology was going to be so powerful that we wouldn't need to work?

SALESMAN *Happy Cool,* my friends!

FATHER-IN-LAW One week. Not one day more.

SCIENTIST Welcome, Mr. Julio.

JULIO What year is this?

SCIENTIST The year 2080, Mr. Julio.

JULIO I would like to see Mabel and Pablito.

SCIENTIST Don't worry, nowadays technology lets you do what you want. But look what a marvelous future, Julio, stay.

JULIO This is incredible! I'm thirsty.

JULIO Amazing! But you know what? I would like to see Mabel and Pablito. Can I do that?

SCIENTIST Of course, now it's common to time travel. What year would you like to go to?

JULIO 2001, more or less. Well…no, but, wait, wait. You know what? With this, I'd like to bring some money. Because I want to buy my son a jersey from the national soccer team.

SCIENTIST Click here.

JULIO Me? Wow! And to go to the year 2001 what do I do?

SCIENTIST 2001, *enter.*

ANNOUNCER The frozen astronauts travel to distant space…

MABEL You came back from the future!

JULIO Wait, wait… Here's the best part…
The money! The money!

MABEL Julio, Julio, wake up, Julio, Julio, weren't you going to look for work today?

JULIO No, Mabel, no. Your father is right, people are right, the advertisements are right. You know what? There is a better future. Let's go.

MABEL Oh, Julio, what technology!

JULIO Yes, yes. You can see that these are serious people. There is a lot of money invested in this.

MABEL Ah, I don't know what I should do. I don't know if I should bring you flowers as if you were in a cemetery or what.

JULIO Mabel, science raises many questions for us.

MABEL Come back soon.

JULIO I hope the economic situation improves.

MABEL I hope so.

JULIO That way they can defrost me as soon as possible.

MABEL Take care. I'm going to miss you. Is he already frozen?

TEXT The Future

JULIO Hello, I'm Julio, a living witness from the past.

MAN IN CHARGE I'm in charge of the present. Ah, he is defrosting. Very good, well, everyone to his or her home, I have to clean this place out. Let's go, let's go.

JULIO Listen, sir, what year is this?

MAN IN CHARGE 2001.

JULIO Only four years went by? But, the girls, the time tunnel. Did technology succeed? Is there full employment?

MAN IN CHARGE Look, things are worse than when you got in this tube. Nothing advanced, there are no jobs. Everything is a disaster. Everything went backwards. Look, thaw out quickly because I have to leave this place in one week. Let's go, let's go!

JULIO They tricked us!

MAN IN CHARGE Mmm.

JULIO They tricked us!

MAN IN CHARGE Mmm. Please, leave your clothes; they're part of the inventory here from the bankruptcy. Here, take this suit, maybe it will fit you.

JULIO Pablito! Look who's here!

ELMER Who is it, Pablito?

PABLITO My old dad, Dad.

MABEL Julio, how are you?

JULIO Good.

MABEL I knew this was going to happen. Come here. Come in so I can explain. Go over to Chochi's, Pablito.

JULIO Uh... the boy... What do you have to explain to me?

MABEL Come, come in, come in...

JULIO What do you have to explain to me? Who is this guy?

MABEL I got remarried, Julio.

JULIO What do you mean you got remarried?

MABEL Yes, Julio. And what if you hadn't defrosted until the year 2100? What would I have done with my life, waiting until the situation passed and you could work? Elmer, my new husband.

ELMER What a mess this is with the freezing companies. Look what problems they cause.

MABEL Ay, I feel like Doña Flor with her two husbands.

JULIO I'll kill you, Mabel.

MABEL Oh, Julio, it's a joke. What if we try it again?

JULIO Ah, good, that's fine. You get separated and I'll forgive you.

MABEL No, Julio, I was talking about the freezing.

JULIO Oh.

ELMER It's good that you could fix the thing with Julio.

MABEL I told him I didn't like that "Happy Cool" thing. In the end, homemade is better.

ELMER Honey, the frozen vegetables, where should I put them away?

MABEL Put them in the freezer.

ELMER There's not much room now.

MABEL Let's see, give them to me and I'll put them away.

MABEL Ay, my love, what did I tell you about bottles in the freezer for more than two hours?

ELMER Well, I like them nice and cold.

MABEL Nice and cold, everything cold... Hey, listen, I'm in the mood to make a hot garlic dip today...

JINGLE *Happy Cool, Happy Cool, Happy Cool, Happy Cool. . . the company that freezes you.*

Lección 8

Cinemateca: *Clown*

Director: Stephen Lynch
Country: Spain

CLOWN Stubborn. Jerk. No mercy.

CLOWN Luisa River? Luisa River?

LUISA Yes.

CLOWN You owe 771 Euros to Telefónica. I've come to collect.

LUISA And who are you?

CLOWN I'm one of the circus collectors. We make sure people pay their debts to our clients.

LUISA What are you talking about? Get lost, clown.

CLOWN I would love to. But Telefónica doesn't like to lose money. And in cases like yours, when nothing else can be done, they call us.

INSTRUCTOR If you want to stay, you have to dance.

LUISA Look, I don't have a telephone anymore. I don't even work. So go tell your clients to either find me work or leave me alone.

CLOWN Look Luisa, I'm going to explain it to you so that you understand. My job is to humiliate and follow you until you pay us.

LUISA And if I punch you?

CLOWN Well, my job is protected under article forty-five dash seventy-two under the penal code; so on top of paying for the physical expenses and the mental disturbances, the company would include your debt in the expenses.

LUISA What a pathetic job you have.

CLOWN Even more pathetic would be to not have one.

LUISA Who do you think you are? I've been looking for a job for months.

CLOWN Look, you're going to have to pay someway or another or you're going to have a very bad time with me.

LUISA Your threat is a little late, you know? I owe three months of rent, I've already sold the car and the television and everything, and I have two sons and their father doesn't give us a penny; so I don't give a damn about your bill right now.

LUISA I'm sorry, clown, I'd love to pay you. But this is what I have. I owe money to others. Why are you following me? Didn't you hear me? You're not going to get anything...

CLOWN They've assigned me to follow you and I have to do my job.

LUISA Well, tell your boss to assign you to someone else, because you can't get blood out of a stone.

CLOWN You are my first debtor, you could help me a little, couldn't you?

LUISA Well, how do they pay you? Do you get a percentage of what you collect?

CLOWN Plus a little salary. It's little but it'll cover my expenses.

LUISA Well, then there you have it, if you have a fixed salary, then that's that. You can go to the park, drink a beer, then, well, you can spend some time with your wife, go home and to the office, and tell your boss that it's been impossible to collect, that it's impossible to get anything out of this woman. And, you can make it more dramatic, and say that I need a transplant.

CLOWN And if an inspector goes by? And sees that I'm not following you? Then what? They'll fire me, easy as that. Look, I'm sorry, but I need this job.

LUISA Things are already pretty bad for me, so please, don't make them worse, okay?

GIRL Let me go by, man!

CLOWN Look, it's hard for me to do this, but this is what I've got too. Ladies and gentlemen, please, please, let's help this poor woman pay her telephone bill. It's only 771 euros, I ask you to give anything you can, please, from your pockets. But where are you going, Luisa, in such a hurry? Were you going to talk on your cell phone? Cell phones aren't free. Mobile phones are money. Money is mobile. It's very sad to beg, but it's even sadder to steal. A coin for Luisa, the debtor, a coin. What? Have you seen where you've gotten? Are you proud? Doesn't it make you embarrassed? Aren't you embarrassed, Luisa? I wear a red nose, but who's the clown here?

CLOWN Hey, hey, stop for a minute.

LUISA Do you want an answer? Well, yes, I am proud to not have to earn a living humiliating people like you. I don't have anything, okay, but I have my dignity. I don't know if that means anything to you.

CLOWN Okay, okay, do you want to get coffee?

CLOWN Do you think I wanted to do this for a living? Well, no. But if I have to do it to support my wife and baby, well then I'll do it. It's pathetic, but I'll do it.

LUISA You have a baby?

CLOWN A seven month old girl.

LUISA I remember when mine was seven months old. That was when his father left us.

CLOWN Didn't you tell me you had two sons?

LUISA No, just one.

CLOWN No, no, it's fine.

LUISA You come to collect money from me and now you're paying? Do you have pity on me? Goodbye, Charly.

WORKER 1 What a day, man.

WORKER 2 Quite...

WORKER 1 What's up?

WORKER 2 Reviewing for tomorrow.

WORKER 1 The boss is waiting for you.

BOSS How is it that you broke someone's leg? Okay, okay, okay, where are you? At the police station? Okay, I'll send someone now. And how did it go?

CLOWN Good, well... good.

BOSS Did you collect or not?

CLOWN No, collect, collect, no. But...

BOSS Were you stubborn?

CLOWN Very stubborn!

BOSS Jerk.

CLOWN Yes, jerk, jerk.

BOSS No mercy?

CLOWN Well, you know what the deal is? This woman has children... and one is very sick and needs a transplant, and... the truth is that I tried to humiliate her but there was no way, it was very clear she couldn't pay.

BOSS Everyone's very sure about that.

CLOWN I imagine, but it's just that this one couldn't pay.

BOSS And how do you know that?

CLOWN Well, because we were talking and from what she said I deduced that she was broke.

BOSS Oh, and did you deduce this before or after inviting her to a beer? You know what the problem is, Charly? Here we do a test for our new collectors. This report confirms what I already suspected. You're not cut out for this job, Charly. Letting yourself be fooled by appearances is a sign of weakness. You don't get results. This is a business, and I need strong people, not soft like you. I'm sorry, but I'm going to have to fire you.

CLOWN Hey, hey.

LUISA What?

CLOWN How did you do it?

LUISA Do what? My job?

CLOWN I thought you didn't have one.

LUISA Look, leave me alone.

CLOWN Well, you've managed to get me fired. Now, what do I do? What do I do?

LUISA Well, you look for something else. You think I fooled you, but no sir, it's not like that. We let ourselves be fooled easily, and in this profession that's a failure.

CLOWN And what about your dignity?

LUISA My dignity? Dignity is seeing things the way they are. That is dignity.

Film Collection Script Translations

Lección 9

Cinemateca: *Sintonía*

Director: José Mari Goenaga
Country: Spain

MARÍA I'm serious. I think I'm in love.

ANNOUNCER Come on María, but... you hardly know him.

MARÍA That doesn't matter. You can tell. I think we're in sync and that's that.

ANNOUNCER In the end... if you say so, I don't know, you would know... Uh... What did you say his name was?

MARÍA His name is Jaime.

ANNOUNCER Well, this song goes out to you, Jaime.

ANNOUNCER And as you all know, if you want to send a love message, a congratulations, or some jabber like that, you can do it now, live.

RADIO 1 ...clear skies and warm water temperatures. Well, enjoy the day any way you want, but if it's possible, forget the car... right now there's a lot of...

RADIO 2 (OFF) What's waiting for us? Huh? What's waiting for us? The World Cup! Competing for the world championship...

RADIO 3 (OFF) It's one o'clock in the afternoon, noon in the Canary Islands... the future of Europe is complicated...

ANNOUNCER Last chance to call... Don't turn us off, tell someone what you feel and don't put it off another minute. The number, the number is 943365482. Again, just in case, 943365482.

ANNOUNCER We have a new call. Hello, who are we speaking with?

MAN Hello, good afterno...

ANNOUNCER Well we're off to a good start. Would you mind shutting off the radio...

MAN Yes, yes... excuse me, um, excuse me.

ANNOUNCER That's better. It's just that you're going to blow out my eardrums... Let's see, tell me, who are we speaking with?

MAN With... Manuel Ezeiza... Manolo... Manolo de Donosti.

ANNOUNCER Very good... Manolo de Donosti. And who would you like to send your message out to?

MAN Well the truth is I don't know... that is, I don't know her name... But I know for sure she's listening.

ANNOUNCER Well, since you don't give any more details... all of our listeners can think it's about them... Well, your message will give us a clue anyway. Go on, when you're ready.

MAN Yes well... uh... I was calling because... because I noticed that you've got part of your dress outside of your car. You caught it in the door and... and.. well... I don't know you but, well, I noticed that you caught your dress in the door and I saw you singing and... well I thought... I wanted to... well... be with you... or go for a drink or... I don't know.

ANNOUNCER Huh! Well, well, hold on, stop the car... When you go off like that, we don't understand you... This is a little surreal. Let's see, to clarify. You are asking out a girl singing in her car driving with her coat in the door. And how would she know you are talking to her?

MAN No, no, no. She doesn't know yet. She's smiling, as if this wasn't about her...

ANNOUNCER Well give her a clue, so she knows for sure. What is she like? What is she doing?

MAN Well she's wearing something red... now she's touching the back of her neck with her hand and now her hair... which is very dark. And now it seems that she's beginning to figure it out. Yes, yes, she's definitely figured it out.

ANNOUNCER Okay well, forgive me for not understanding anything. Let's see, where are you?

MAN Man, well the truth is that I'd prefer not to say... Someone else may be listening to us here and I'd prefer...

ANNOUNCER And you prefer...? Manolo? Well, it seems that we've lost...

MAN ...I prefer that no one knows where we are.

ANNOUNCER I'm guessing you won't say out of shyness! Who can understand you? That is, you don't mind calling the radio and giving your name, but you won't tell us where you are... in the end... Hey... tell me something... How do you know that she's listening to us...

MAN ...I saw her singing.

ANNOUNCER Well, if your watching her, why don't you go up to her and tell her what you want to say directly? Are you still there Manolo?

MAN Huh? Yes, yes, yes, yes...

ANNOUNCER What I'm saying, son, is that if you want a date with her, you're going to have to convince her. Because with the things that you hear out there, who's going to tell her that you're not, uh... I don't know... a psycho?

MAN And who will tell me that she's not the psycho? It's all about taking risks, right? I don't know you either. I don't know if you're married, or if you have a boyfriend, or if you have a dead body in the trunk. I don't really have much luck in these situations...I was thinking that I'd like to be with you, and... I don't know... I thought it would be nice.

ANNOUNCER Okay, Romeo, our time is up... Man, what is clear is that radio is not your thing, okay... but okay... I think that you at least deserve an opportunity ... Why don't you tell her where she can find you? Maybe you'll be lucky.

MAN I don't know... I don't want to force the situation either. Look I have to stop in the next gas station... If you are interested we could see each other there.

ANNOUNCER Well Manuel, thanks for your call, maybe you'll be lucky and you'll see her at the gas station. Well, with that call we're out. Don't forget that tomorrow we'll be here again...

WOMAN I ran out of gas. Listen.

Lección 10

Cinemateca: *Las viandas*

Director: José Antonio Bonet
Country: Spain

DINER Good afternoon. May I have some lunch?
MAITRE D' Of course. Leonora, the gentleman's coat. This way, please.

MAITRE D' Would you like an appetizer?
DINER No, thank you.
MAITRE D' Mr. Papandreu, our chef, makes an excellent dry martini…
DINER No, really. Tell me, is the chef's menu very heavy?
MAITRE D' No, sir.
DINER I'll have that, then.
MAITRE D' Would you like to see the wine list?
DINER No, a jug of water, please.

MAITRE D' The first course, sir. Butter bean soup with pork fat and Viennese sausage. Mr. Papandreu, our chef, won an award with this dish.
DINER Don't you think it's rather… filling?
MAITRE D' No, sir.

FATHER Papandreu, you're a genius! This is the best cake I've ever tasted!
CHEF No, no, thank you. You're very kind.
GIRLS It's exquisite, Mr. Papandreu!

CHEF You are new here.
DINER Yes, I'm passing through.
CHEF I see you liked my butter beans.
DINER Yes, very much.
CHEF Were they tasty?
DINER Yes. I don't think I can eat a second course.
CHEF Is that a joke? A good joke.

FATHER Long live Papandreu!
ALL Hurrah!

DINER More butter beans?
GIRL It's a gift from Mr. Papandreu. As he has seen you liked them, he's inviting you to a second helping with some variations.

DINER Thank you, but… I don't want any more soup.
GIRL We don't accept refusals, sir.

WAITER You didn't eat the soup.
DINER No. It's very tasty, but the main course hasn't come yet.

CHEF Why are you returning this?
WAITER The gentleman at table four is not hungry. He doesn't like it.
CHEF The new man is returning food?
WAITER Yes, yes, yes.
CHEF This is an insult! No one has ever sent anything back to Papandreu! Papandreu is an artist! Papandreu is number one! An artist. Guild of the Royal Spoon! No one offends Papandreu!

MOTHER What happened?
GIRL He sent back the soup.

WAITER'S ASSISTANT The fish course. Imperial-style baked bream. Mr. Papandreu was named the best chef in Europe for this dish.
DINER This is incredible! A whole bream.

WAITER Do you like your suckling pig crispy or rare?
DINER Suckling pig now? Are you mad? Please, bring me the bill!

CHEF Would you like perhaps another dish instead of little pig?
DINER The thing is, I'm full, really.
CHEF It must be the wine. One cannot eat without wine.
MAITRE D' A thirty year old Romané-Conti. The best wine in our cellar, sir.
CHEF With this recipe, I was praised by the Queen of England, the Dalai Lama and the Pope.
DINER Wasn't the Dalai Lama a vegetarian?
CHEF He made an exception. Enjoy your meal.
DINER Listen. Excuse me. Tell Mr. Papandreu I appreciate the gesture but I can't eat this.
WAITER Does your religion forbid pork?

DINER What do you mean? It's simpler than that... I can't eat any more food!

WAITER But, sir, the meat is the most important course on the menu.

DINER Very well. Look, I've tasted it. Delicious. Now, take it away.

MAITRE D' Sir, you're putting us in a very awkward position. You must eat the suckling pig now.

DINER But don't you understand? I can't eat any more!

GRANDMOTHER "I can't eat any more!" "I can't eat any more!"

MAITRE D' Eat the pig, sir. Eat the pig.

DINER Very well, I'll eat it. But first I must go to the washroom.

DINER Excuse me, sir, I have to ask you for help. You've seen what's happening. They want me to eat a suckling pig! They're mad! I can't eat that pig!

MAN Don't worry, I've seen everything and you're right. I understand you. Trust me. I'll speak to Papandreu.

DINER You don't know how grateful I am...

CHEF This is my most ambitious recipe. Wild boar stuffed with mushrooms, chestnuts, onions and its own entrails. You have chosen very well. This dish is greatly superior to little pig. Why didn't you say before? I'd have changed it. Go ahead, taste it. *Bon appétit!*

GIRL He's leaving without paying!

MAITRE D' Where are you going?

DINER To my car, of course! I don't want to eat any more! I don't want to!

CHEF I'll show you now who Papandreu is!

DINER I don't want to eat anything else! I don't want to eat that wild boar! I don't want anything!

CHEF Quiet. You're going to eat wild boar like a good boy! Eat! Eat wild boar. Now some fruit! Open your mouth! Fruit! And now, entrails! Taste them! This is art, you ignorant man! Papandreu an artist, you're an ignorant pig!

MAN This is disgusting. I know but we shouldn't let this man ruin our date.

WOMAN It's true, but it's so unpleasant.

GRANDMOTHER To have to witness this Dantesque scene on my ninety-seventh birthday.

CHEF Leonora, the dessert! The dessert! Papandreu, a brilliant artist! A genius!

MAITRE D' Your bill, sir.

GIRL Your coat, sir.

MAITRE D' Leonora, take the gentleman's coat. Will you come this way? It's dinner time.

MAITRE D' Your mother hasn't come? I'm sorry. She seemed so full of life.